KIRGUÍS
VOCABULARIO

PALABRAS MÁS USADAS

ESPAÑOL-
KIRGUÍS

Las palabras más útiles
Para expandir su vocabulario y refinar
sus habilidades lingüísticas

5000 palabras

Vocabulario Español-Kirguís - 5000 palabras más usadas
por Andrey Taranov

Los vocabularios de T&P Books buscan ayudar en el aprendizaje, la memorización y la revisión de palabras de idiomas extranjeros. El diccionario se divide por temas, cubriendo toda la esfera de las actividades cotidianas, de negocios, ciencias, cultura, etc.

El proceso de aprendizaje de palabras utilizando los diccionarios temáticos de T&P Books le proporcionará a usted las siguientes ventajas:

- La información del idioma secundario está organizada claramente y predetermina el éxito para las etapas subsiguientes en la memorización de palabras.
- Las palabras derivadas de la misma raíz se agrupan, lo cual permite la memorización de grupos de palabras en vez de palabras aisladas.
- Las unidades pequeñas de palabras facilitan el proceso de reconocimiento de enlaces de asociación que se necesitan para la cohesión del vocabulario.
- De este modo, se puede estimar el número de palabras aprendidas y así también el nivel de conocimiento del idioma.

Copyright © 2018 T&P Books Publishing

Todos los derechos reservados. Ninguna porción de este libro puede reproducirse o utilizarse de ninguna manera o por ningún medio; sea electrónico o mecánico, lo cual incluye la fotocopia, grabación o información almacenada y sistemas de recuperación, sin el permiso escrito de la editorial.

T&P Books Publishing
www.tpbooks.com

ISBN: 978-1-78767-026-6

Este libro está disponible en formato electrónico o de E-Book también.
Visite www.tpbooks.com o las librerías electrónicas más destacadas en la Red.

VOCABULARIO KIRGUÍS
palabras más usadas

Los vocabularios de T&P Books buscan ayudar al aprendiz a aprender, memorizar y repasar palabras de idiomas extranjeros. Los vocabularios contienen más de 5000 palabras comúnmente usadas y organizadas de manera temática.

- El vocabulario contiene las palabras corrientes más usadas.
- Se recomienda como ayuda adicional a cualquier curso de idiomas.
- Capta las necesidades de aprendices de nivel principiante y avanzado.
- Es conveniente para uso cotidiano, prácticas de revisión y actividades de autoevaluación.
- Facilita la evaluación del vocabulario.

Aspectos claves del vocabulario

- Las palabras se organizan según el significado, no según el orden alfabético.
- Las palabras se presentan en tres columnas para facilitar los procesos de repaso y auto-evaluación.
- Los grupos de palabras se dividen en pequeñas secciones para facilitar el proceso de aprendizaje.
- El vocabulario ofrece una transcripción sencilla y conveniente de cada palabra extranjera.

El vocabulario contiene 155 temas que incluyen lo siguiente:

Conceptos básicos, números, colores, meses, estaciones, unidades de medidas, ropa y accesorios, comida y nutrición, restaurantes, familia nuclear, familia extendida, características de personalidad, sentimientos, emociones, enfermedades, la ciudad y el pueblo, exploración del paisaje, compras, finanzas, la casa, el hogar, la oficina, el trabajo en oficina, importación y exportación, promociones, búsqueda de trabajo, deportes, educación, computación, la red, herramientas, la naturaleza, los países, las nacionalidades y más ...

TABLA DE CONTENIDO

Guía de pronunciación	9
Abreviaturas	10

CONCEPTOS BÁSICOS 11
Conceptos básicos. Unidad 1 11

1. Los pronombres 11
2. Saludos. Salutaciones. Despedidas 11
3. Modos del trato: Como dirigirse a otras personas 12
4. Números cardinales. Unidad 1 12
5. Números cardinales. Unidad 2 13
6. Números ordinales 14
7. Números. Fracciones 14
8. Números. Operaciones básicas 14
9. Números. Miscelánea 14
10. Los verbos más importantes. Unidad 1 15
11. Los verbos más importantes. Unidad 2 16
12. Los verbos más importantes. Unidad 3 17
13. Los verbos más importantes. Unidad 4 18
14. Los colores 18
15. Las preguntas 19
16. Las preposiciones 20
17. Las palabras útiles. Los adverbios. Unidad 1 20
18. Las palabras útiles. Los adverbios. Unidad 2 22

Conceptos básicos. Unidad 2 24

19. Los días de la semana 24
20. Las horas. El día y la noche 24
21. Los meses. Las estaciones 25
22. Las unidades de medida 27
23. Contenedores 28

EL SER HUMANO 29
El ser humano. El cuerpo 29

24. La cabeza 29
25. El cuerpo 30

La ropa y los accesorios 31

26. La ropa exterior. Los abrigos 31
27. Men's & women's clothing 31

28. La ropa. La ropa interior	32
29. Gorras	32
30. El calzado	32
31. Accesorios personales	33
32. La ropa. Miscelánea	33
33. Productos personales. Cosméticos	34
34. Los relojes	35

La comida y la nutrición — 36

35. La comida	36
36. Las bebidas	37
37. Las verduras	38
38. Las frutas. Las nueces	39
39. El pan. Los dulces	40
40. Los platos al horno	40
41. Las especias	41
42. Las comidas	42
43. Los cubiertos	43
44. El restaurante	43

La familia nuclear, los parientes y los amigos — 44

45. La información personal. Los formularios	44
46. Los familiares. Los parientes	44

La medicina — 46

47. Las enfermedades	46
48. Los síntomas. Los tratamientos. Unidad 1	47
49. Los síntomas. Los tratamientos. Unidad 2	48
50. Los síntomas. Los tratamientos. Unidad 3	49
51. Los médicos	50
52. La medicina. Las drogas. Los accesorios	50

EL AMBIENTE HUMANO — 52
La ciudad — 52

53. La ciudad. La vida en la ciudad	52
54. Las instituciones urbanas	53
55. Los avisos	54
56. El transporte urbano	55
57. La exploración del paisaje	56
58. Las compras	57
59. El dinero	58
60. La oficina de correos	59

La vivienda. La casa. El hogar — 60

61. La casa. La electricidad	60

62. La villa. La mansión	60
63. El apartamento	60
64. Los muebles. El interior	61
65. Los accesorios de la cama	62
66. La cocina	62
67. El baño	63
68. Los aparatos domésticos	64

LAS ACTIVIDADES DE LA GENTE — 65
El trabajo. Los negocios. Unidad 1 — 65

69. La oficina. El trabajo de oficina	65
70. Los métodos de los negocios. Unidad 1	66
71. Los métodos de los negocios. Unidad 2	67
72. La producción. Los trabajos	68
73. El contrato. El acuerdo	69
74. Importación y Exportación	70
75. Las finanzas	70
76. La mercadotecnia	71
77. La publicidad	72
78. La banca	72
79. El teléfono. Las conversaciones telefónicas	73
80. El teléfono celular	74
81. Los artículos de escritorio	74
82. Tipos de negocios	75

El trabajo. Los negocios. Unidad 2 — 77

83. El espectáculo. La exhibición	77
84. La ciencia. La investigación. Los científicos	78

Las profesiones y los oficios — 80

85. La búsqueda de trabajo. El despido del trabajo	80
86. Los negociantes	80
87. Los trabajos de servicio	81
88. La profesión militar y los rangos	82
89. Los oficiales. Los sacerdotes	83
90. Las profesiones agrícolas	83
91. Las profesiones artísticas	84
92. Profesiones diversas	84
93. Los trabajos. El estatus social	86

La educación — 87

94. La escuela	87
95. Los institutos. La Universidad	88
96. Las ciencias. Las disciplinas	89
97. Los sistemas de escritura. La ortografía	89
98. Los idiomas extranjeros	90

Los restaurantes. El entretenimiento. El viaje 92

99. El viaje. Viajar 92
100. El hotel 92

EL EQUIPO TÉCNICO. EL TRANSPORTE 94
El equipo técnico 94

101. El computador 94
102. El internet. El correo electrónico 95
103. La electricidad 96
104. Las herramientas 96

El transporte 99

105. El avión 99
106. El tren 100
107. El barco 101
108. El aeropuerto 102

Acontecimentos de la vida 104

109. Los días festivos. Los eventos 104
110. Los funerales. El entierro 105
111. La guerra. Los soldados 105
112. La guerra. Las maniobras militares. Unidad 1 107
113. La guerra. Las maniobras militares. Unidad 2 108
114. Las armas 109
115. Los pueblos antiguos 111
116. La edad media 112
117. El líder. El jefe. Las autoridades 113
118. Violar la ley. Los criminales. Unidad 1 114
119. Violar la ley. Los criminales. Unidad 2 115
120. La policía. La ley. Unidad 1 116
121. La policía. La ley. Unidad 2 117

LA NATURALEZA 119
La tierra. Unidad 1 119

122. El espacio 119
123. La tierra 120
124. Los puntos cardinales 121
125. El mar. El océano 121
126. Los nombres de los mares y los océanos 122
127. Las montañas 123
128. Los nombres de las montañas 124
129. Los ríos 124
130. Los nombres de los ríos 125
131. El bosque 125
132. Los recursos naturales 126

La tierra. Unidad 2 — 128

133. El tiempo — 128
134. Los eventos climáticos severos. Los desastres naturales — 129

La fauna — 130

135. Los mamíferos. Los predadores — 130
136. Los animales salvajes — 130
137. Los animales domésticos — 131
138. Los pájaros — 132
139. Los peces. Los animales marinos — 134
140. Los anfibios. Los reptiles — 134
141. Los insectos — 135

La flora — 136

142. Los árboles — 136
143. Los arbustos — 136
144. Las frutas. Las bayas — 137
145. Las flores. Las plantas — 138
146. Los cereales, los granos — 139

LOS PAÍSES. LAS NACIONALIDADES — 140

147. Europa occidental — 140
148. Europa central y oriental — 140
149. Los países de la antes Unión Soviética — 141
150. Asia — 141
151. América del Norte — 142
152. Centroamérica y Sudamérica — 142
153. África — 143
154. Australia. Oceanía — 143
155. Las ciudades — 143

GUÍA DE PRONUNCIACIÓN

T&P alfabeto fonético	Ejemplo kirguís	Ejemplo español
[a]	манжа [mandʒa]	radio
[e]	келечек [keletʃek]	verano
[i]	жигит [dʒigit]	ilegal
[ı]	кубаныч [kubanıtʃ]	abismo
[o]	мактоо [maktoo]	bordado
[u]	узундук [uzunduk]	mundo
[ʉ]	алюминий [alʉminij]	ciudad
[y]	түнкү [tynky]	pluma
[b]	ашкабак [aʃkabak]	en barco
[d]	адам [adam]	desierto
[dʒ]	жыгач [dʒıgatʃ]	jazz
[f]	флейта [flejta]	golf
[g]	тегерек [tegerek]	jugada
[j]	бөйрөк [bøjrøk]	asiento
[k]	карапа [karapa]	charco
[l]	алтын [altın]	lira
[m]	бешмант [beʃmant]	nombre
[n]	найза [najza]	número
[ŋ]	булуң [buluŋ]	rincón
[p]	пайдубал [pajdubal]	precio
[r]	рахмат [raχmat]	era, alfombra
[s]	сагызган [sagızgan]	salva
[ʃ]	бурулуш [buruluʃ]	shopping
[t]	түтүн [tytyn]	torre
[χ]	пахтадан [paχtadan]	reloj, ojo
[ts]	шприц [ʃprits]	tsunami
[tʃ]	биринчи [birintʃi]	mapache
[v]	квартал [kvartal]	travieso
[z]	казуу [kazuu]	desde
[ʲ]	руль, актёр [rulʲ, aktʲor]	signo de palatalización
[ʰ]	объектив [obʰjektiv]	signo duro

ABREVIATURAS
usadas en el vocabulario

Abreviatura en español

adj	-	adjetivo
adv	-	adverbio
anim.	-	animado
conj	-	conjunción
etc.	-	etcétera
f	-	sustantivo femenino
f pl	-	femenino plural
fam.	-	uso familiar
fem.	-	femenino
form.	-	uso formal
inanim.	-	inanimado
innum.	-	innumerable
m	-	sustantivo masculino
m pl	-	masculino plural
m, f	-	masculino, femenino
masc.	-	masculino
mat	-	matemáticas
mil.	-	militar
num.	-	numerable
p.ej.	-	por ejemplo
pl	-	plural
pron	-	pronombre
sg	-	singular
v aux	-	verbo auxiliar
vi	-	verbo intransitivo
vi, vt	-	verbo intransitivo, verbo transitivo
vr	-	verbo reflexivo
vt	-	verbo transitivo

CONCEPTOS BÁSICOS

Conceptos básicos. Unidad 1

1. Los pronombres

yo	мен, мага	men, maga
tú	сен	sen
él, ella, ello	ал	al
ellos, ellas	алар	alar

2. Saludos. Salutaciones. Despedidas

¡Hola! (fam.)	Салам!	salam!
¡Hola! (form.)	Саламатсызбы!	salamatsızbı!
¡Buenos días!	Кутман таңыңыз менен!	kutman taŋıŋız menen!
¡Buenas tardes!	Кутман күнүңүз менен!	kutman kynyŋyz menen!
¡Buenas noches!	Кутман кечиңиз менен!	kutman ketʃiŋiz menen!
decir hola	учурашуу	utʃuraʃuu
¡Hola! (a un amigo)	Кандай!	kandaj!
saludo (m)	салам	salam
saludar (vt)	саламдашуу	salamdaʃuu
¿Cómo estás?	Иштериң кандай?	iʃteriŋ kandaj?
¿Cómo estáis?	Иштериңиз кандай?	iʃteriŋiz kandaj?
¿Cómo estás?	Иштер кандай?	iʃter kandaj?
¿Qué hay de nuevo?	Эмне жаңылык?	emne dʒaŋılık?
¡Chau! ¡Adiós!	Көрүшкөнчө!	køryʃkøntʃø!
¡Hasta pronto!	Эмки жолукканга чейин!	emki dʒolukkanga tʃejin!
¡Adiós! (fam.)	Кош бол!	koʃ bol!
¡Adiós! (form.)	Кош болуңуз!	koʃ boluŋuz!
despedirse (vr)	коштошуу	koʃtoʃuu
¡Hasta luego!	Жакшы кал!	dʒakʃı kal!
¡Gracias!	Рахмат!	raχmat!
¡Muchas gracias!	Чоң рахмат!	tʃoŋ raχmat!
De nada	Эч нерсе эмес	etʃ nerse emes
No hay de qué	Алкышка арзыбайт	alkıʃka arzıbajt
De nada	Эчтеке эмес.	etʃteke emes
¡Disculpa!	Кечир!	ketʃir!
¡Disculpe!	Кечирип коюңузчу!	ketʃirip kojuŋuztʃu!
disculpar (vt)	кечирүү	ketʃiryy
disculparse (vr)	кечирим суроо	ketʃirim suroo
Mis disculpas	Кечирим сурайм.	ketʃirim surajm

¡Perdóneme!	Кечиресиз!	ketʃiresiz!
perdonar (vi)	кечирүү	ketʃiryy
¡No pasa nada!	Эч капачылык жок.	etʃ kapatʃılık dʒok
por favor	суранам	suranam

¡No se le olvide!	Унутуп калбаңыз!	unutup kalbaŋız!
¡Ciertamente!	Албетте!	albette!
¡Claro que no!	Албетте жок!	albette dʒok!
¡De acuerdo!	Макул!	makul!
¡Basta!	Жетишет!	dʒetiʃet!

3. Modos del trato: Como dirigirse a otras personas

¡Perdóneme!	Кечиресиз!	ketʃiresiz!
señor	мырза	mırza
señora	айым	ajım
señorita	чоң кыз	tʃoŋ kız
joven	чоң жигит	tʃoŋ dʒigit
niño	жаш бала	dʒaʃ bala
niña	кызым	kızım

4. Números cardinales. Unidad 1

cero	нөл	nøl
uno	бир	bir
dos	эки	eki
tres	үч	ytʃ
cuatro	төрт	tørt

cinco	беш	beʃ
seis	алты	altı
siete	жети	dʒeti
ocho	сегиз	segiz
nueve	тогуз	toguz

diez	он	on
once	он бир	on bir
doce	он эки	on eki
trece	он үч	on ytʃ
catorce	он төрт	on tørt

quince	он беш	on beʃ
dieciséis	он алты	on altı
diecisiete	он жети	on dʒeti
dieciocho	он сегиз	on segiz
diecinueve	он тогуз	on toguz

veinte	жыйырма	dʒıjırma
veintiuno	жыйырма бир	dʒıjırma bir
veintidós	жыйырма эки	dʒıjırma eki
veintitrés	жыйырма үч	dʒıjırma ytʃ
treinta	отуз	otuz

treinta y uno	отуз бир	otuz bir
treinta y dos	отуз эки	otuz eki
treinta y tres	отуз үч	otuz ytʃ
cuarenta	кырк	kırk
cuarenta y dos	кырк эки	kırk eki
cuarenta y tres	кырк үч	kırk ytʃ
cincuenta	элүү	elyy
cincuenta y uno	элүү бир	elyy bir
cincuenta y dos	элүү эки	elyy eki
cincuenta y tres	элүү үч	elyy ytʃ
sesenta	алтымыш	altımıʃ
sesenta y uno	алтымыш бир	altımıʃ bir
sesenta y dos	алтымыш эки	altımıʃ eki
sesenta y tres	алтымыш үч	altımıʃ ytʃ
setenta	жетимиш	dʒetimiʃ
setenta y uno	жетимиш бир	dʒetimiʃ bir
setenta y dos	жетимиш эки	dʒetimiʃ eki
setenta y tres	жетимиш үч	dʒetimiʃ ytʃ
ochenta	сексен	seksen
ochenta y uno	сексен бир	seksen bir
ochenta y dos	сексен эки	seksen eki
ochenta y tres	сексен үч	seksen ytʃ
noventa	тoксон	tokson
noventa y uno	тoксон бир	tokson bir
noventa y dos	тoксон эки	tokson eki
noventa y tres	тoксон үч	tokson ytʃ

5. Números cardinales. Unidad 2

cien	бир жүз	bir dʒyz
doscientos	эки жүз	eki dʒyz
trescientos	үч жүз	ytʃ dʒyz
cuatrocientos	төрт жүз	tørt dʒyz
quinientos	беш жүз	beʃ dʒyz
seiscientos	алты жүз	altı dʒyz
setecientos	жети жүз	dʒeti dʒyz
ochocientos	сегиз жүз	segiz dʒyz
novecientos	тогуз жүз	toguz dʒyz
mil	бир миң	bir miŋ
dos mil	эки миң	eki miŋ
tres mil	үч миң	ytʃ miŋ
diez mil	он миң	on miŋ
cien mil	жүз миң	dʒyz miŋ
millón (m)	миллион	million
mil millones	миллиард	milliard

6. Números ordinales

primero (adj)	биринчи	birintʃi
segundo (adj)	экинчи	ekintʃi
tercero (adj)	үчүнчү	ytʃyntʃy
cuarto (adj)	төртүнчү	tørtyntʃy
quinto (adj)	бешинчи	beʃintʃi
sexto (adj)	алтынчы	altıntʃı
séptimo (adj)	жетинчи	ʤetintʃi
octavo (adj)	сегизинчи	segizintʃi
noveno (adj)	тогузунчу	toguzuntʃu
décimo (adj)	онунчу	onuntʃu

7. Números. Fracciones

fracción (f)	бөлчөк	bøltʃøk
un medio	экиден бир	ekiden bir
un tercio	үчтөн бир	ytʃtøn bir
un cuarto	төрттөн бир	tørttøn bir
un octavo	сегизден бир	segizden bir
un décimo	тогуздан бир	toguzdan bir
dos tercios	үчтөн эки	ytʃtøn eki
tres cuartos	төрттөн үч	tørttøn ytʃ

8. Números. Operaciones básicas

sustracción (f)	кемитүү	kemityy
sustraer (vt)	кемитүү	kemityy
división (f)	бөлүү	bølyy
dividir (vt)	бөлүү	bølyy
adición (f)	кошуу	koʃuu
sumar (totalizar)	кошуу	koʃuu
adicionar (vt)	кошуу	koʃuu
multiplicación (f)	көбөйтүү	købøjtyy
multiplicar (vt)	көбөйтүү	købøjtyy

9. Números. Miscelánea

cifra (f)	санарип	sanarip
número (m) (~ cardinal)	сан	san
numeral (m)	сан атооч	san atootʃ
menos (m)	кемитүү	kemityy
más (m)	плюс	plʉs
fórmula (f)	формула	formula
cálculo (m)	эсептөө	eseptøø
contar (vt)	сапоо	sanoo

calcular (vt)	эсептөө	eseptöö
comparar (vt)	салыштыруу	salıştıruu

¿Cuánto?	Канча?	kantʃa?
suma (f)	жыйынтык	dʒıjıntık
resultado (m)	натыйжа	natıjdʒa
resto (m)	калдык	kaldık

algunos, algunas ...	бир нече	bir netʃe
poco (adv)	биртике	bir az
poco (num.)	бир аз	bir az
poco (innum.)	кичине	kitʃine
resto (m)	калганы	kalganı
uno y medio	бир жарым	bir dʒarım
docena (f)	он эки даана	on eki daana

en dos	тең экиге	teŋ ekige
en partes iguales	тең	teŋ
mitad (f)	жарым	dʒarım
vez (f)	бир жолу	bir dʒolu

10. Los verbos más importantes. Unidad 1

abrir (vt)	ачуу	atʃuu
acabar, terminar (vt)	бүтүрүү	bytyryy
aconsejar (vt)	кеңеш берүү	keŋeʃ beryy
adivinar (vt)	жандырмагын табуу	dʒandırmagın tabuu
advertir (vt)	эскертүү	eskertyy
alabarse, jactarse (vr)	мактануу	maktanuu

almorzar (vi)	түштөнүү	tyʃtönyy
alquilar (~ una casa)	батирге алуу	batirge aluu
amenazar (vt)	коркутуу	korkutuu
arrepentirse (vr)	өкүнүү	ökynyy
ayudar (vt)	жардам берүү	dʒardam beryy
bañarse (vr)	сууга түшүү	suuga tyʃyy

bromear (vi)	тамашалоо	tamaʃaloo
buscar (vt)	... издөө	... izdöö
caer (vi)	жыгылуу	dʒıgıluu
callarse (vr)	унчукпоо	untʃukpoo
cambiar (vt)	өзгөртүү	özgörtyy
castigar, punir (vt)	жазалоо	dʒazaloo

cavar (vt)	казуу	kazuu
cazar (vi, vt)	аңчылык кылуу	aŋtʃılık kıluu
cenar (vi)	кечки тамакты ичүү	ketʃki tamaktı itʃyy
cesar (vt)	токтотуу	toktotuu
coger (vt)	кармоо	karmoo
comenzar (vt)	баштоо	baʃtoo

comparar (vt)	салыштыруу	salıştıruu
comprender (vt)	түшүнүү	tyʃynyy
confiar (vt)	ишенүү	iʃenyy

confundir (vt)	адаштыруу	adaʃtıruu
conocer (~ a alguien)	таануу	taanuu
contar (vt) (enumerar)	саноо	sanoo

contar con …	… ишенүү	… iʃenyy
continuar (vt)	улантуу	ulantuu
controlar (vt)	башкаруу	baʃkaruu
correr (vi)	чуркоо	tʃurkoo
costar (vt)	туруу	turuu
crear (vt)	жаратуу	dʒaratuu

11. Los verbos más importantes. Unidad 2

dar (vt)	берүү	beryy
dar una pista	четин чыгаруу	tʃetin tʃıgaruu
decir (vt)	айтуу	ajtuu
decorar (para la fiesta)	кооздоо	koozdoo

defender (vt)	коргоо	korgoo
dejar caer	түшүрүп алуу	tyʃyryp aluu
desayunar (vi)	эртең менен тамактануу	erteŋ menen tamaktanuu
descender (vi)	ылдый түшүү	ıldıj tyʃyy

dirigir (administrar)	башкаруу	baʃkaruu
disculpar (vt)	кечирүү	ketʃiryy
disculparse (vr)	кечирим суроо	ketʃirim suroo
discutir (vt)	талкуулоо	talkuuloo
dudar (vt)	күмөн саноо	kymøn sanoo

encontrar (hallar)	таап алуу	taap aluu
engañar (vi, vt)	алдоо	aldoo
entrar (vi)	кирүү	kiryy
enviar (vt)	жөнөтүү	dʒønøtyy

equivocarse (vr)	ката кетирүү	kata ketiryy
escoger (vt)	тандоо	tandoo
esconder (vt)	жашыруу	dʒaʃıruu
escribir (vt)	жазуу	dʒazuu
esperar (aguardar)	күтүү	kytyy

esperar (tener esperanza)	үмүттөнүү	ymyttønyy
estar de acuerdo	макул болуу	makul boluu
estudiar (vt)	окуу	okuu

exigir (vt)	талап кылуу	talap kıluu
existir (vi)	чыгуу	tʃıguu
explicar (vt)	түшүндүрүү	tyʃyndyryy
faltar (a las clases)	калтыруу	kaltıruu
firmar (~ el contrato)	кол коюу	kol kojuu

girar (~ a la izquierda)	бурулуу	buruluu
gritar (vi)	кыйкыруу	kıjkıruu
guardar (conservar)	сактоо	saktoo
gustar (vi)	жактыруу	dʒaktıruu

hablar (vi, vt)	сүйлөө	syjløø
hacer (vt)	кылуу	kıluu
informar (vt)	маалымат берүү	maalımat beryy
insistir (vi)	көшөрүү	køʃøryy
insultar (vt)	кемсинтүү	kemsintyy
interesarse (vr)	... кызыгуу	... kızıguu
invitar (vt)	чакыруу	tʃakıruu
ir (a pie)	жөө басуу	dʒøø basuu
jugar (divertirse)	ойноо	ojnoo

12. Los verbos más importantes. Unidad 3

leer (vi, vt)	окуу	okuu
liberar (ciudad, etc.)	бошотуу	boʃotuu
llamar (por ayuda)	чакыруу	tʃakıruu
llegar (vi)	келүү	kelyy
llorar (vi)	ыйлоо	ijloo
matar (vt)	өлтүрүү	øltyryy
mencionar (vt)	айтып өтүү	ajtıp øtyy
mostrar (vt)	көрсөтүү	kørsøtyy
nadar (vi)	сүзүү	syzyy
negarse (vr)	баш тартуу	baʃ tartuu
objetar (vt)	каршы болуу	karʃı boluu
observar (vt)	байкоо салуу	bajkoo
oír (vt)	угуу	uguu
olvidar (vt)	унутуу	unutuu
orar (vi)	дуба кылуу	duba kıluu
ordenar (mil.)	буйрук кылуу	bujruk kıluu
pagar (vi, vt)	төлөө	tøløø
pararse (vr)	токтоо	toktoo
participar (vi)	катышуу	katıʃuu
pedir (ayuda, etc.)	суроо	suroo
pedir (en restaurante)	буйрутма кылуу	bujrutma kıluu
pensar (vi, vt)	ойлоо	ojloo
percibir (ver)	байкоо	bajkoo
perdonar (vt)	кечирүү	ketʃiryy
permitir (vt)	уруксат берүү	uruksat beryy
pertenecer a ...	таандык болуу	taandık boluu
planear (vt)	пландаштыруу	plandaʃtıruu
poder (v aux)	жасай алуу	dʒasaj aluu
poseer (vt)	ээ болуу	ee boluu
preferir (vt)	артык көрүү	artık køryy
preguntar (vt)	суроо	suroo
preparar (la cena)	тамак бышыруу	tamak bıʃıruu
prever (vt)	күтүү	kytyy
probar, tentar (vt)	аракет кылуу	araket kıluu

| prometer (vt) | убада берүү | ubada beryy |
| pronunciar (vt) | айтуу | ajtuu |

proponer (vt)	сунуштоо	sunuʃtoo
quebrar (vt)	сындыруу	sındıruu
quejarse (vr)	арыздануу	arızdanuu
querer (amar)	сүйүү	syjyy
querer (desear)	каалоо	kaaloo

13. Los verbos más importantes. Unidad 4

recomendar (vt)	сунуштоо	sunuʃtoo
regañar, reprender (vt)	урушуу	uruʃuu
reírse (vr)	күлүү	kylyy
repetir (vt)	кайталоо	kajtaloo
reservar (~ una mesa)	камдык буйрутмалоо	kamdık bujrutmaloo
responder (vi, vt)	жооп берүү	dʒoop beryy

robar (vt)	уурдоо	uurdoo
saber (~ algo mas)	билүү	bilyy
salir (vi)	чыгуу	tʃıguu
salvar (vt)	куткаруу	kutkaruu
seguir ...	... ээрчүү	... eertʃyy
sentarse (vr)	отуруу	oturuu
ser necesario	керек болуу	kerek boluu
ser, estar (vi)	болуу	boluu
significar (vt)	билдирүү	bildiryy
sonreír (vi)	жылмаюу	dʒılmadʒuu
sorprenderse (vr)	таң калуу	taŋ kaluu

subestimar (vt)	баалабоо	baalaboo
tener (vt)	бар болуу	bar boluu
tener hambre	ачка болуу	atʃka boluu
tener miedo	жазкануу	dʒazkanuu
tener prisa	шашуу	ʃaʃuu
tener sed	суусап калуу	suusap kaluu
tirar, disparar (vi)	атуу	atuu
tocar (con las manos)	тийүү	tijyy
tomar (vt)	алуу	aluu
tomar nota	кагазга түшүрүү	kagazga tyʃyryy

trabajar (vi)	иштөө	iʃtøø
traducir (vt)	которуу	kotoruu
unir (vt)	бириктирүү	biriktiryy
vender (vt)	сатуу	satuu
ver (vt)	көрүү	køryy
volar (pájaro, avión)	учуу	utʃuu

14. Los colores

| color (m) | түс | tys |
| matiz (m) | кошумча түс | koʃumtʃa tys |

tono (m)	кубулуу	kubuluu
arco (m) iris	күндүн кулагы	kyndyn kulagı
blanco (adj)	ак	ak
negro (adj)	кара	kara
gris (adj)	боз	boz
verde (adj)	жашыл	dʒaʃıl
amarillo (adj)	сары	sarı
rojo (adj)	кызыл	kızıl
azul (adj)	көк	køk
azul claro (adj)	көгүлтүр	køgyltyr
rosa (adj)	мала	mala
naranja (adj)	кызгылт сары	kızgılt sarı
violeta (adj)	сыя көк	sıja køk
marrón (adj)	күрөң	kyrøŋ
dorado (adj)	алтын түстүү	altın tystyy
argentado (adj)	күмүш өңдүү	kymyʃ øŋdyy
beige (adj)	сары боз	sarı boz
crema (adj)	саргылт	sargılt
turquesa (adj)	бирюза	biruza
rojo cereza (adj)	кочкул кызыл	kotʃkul kızıl
lila (adj)	кызгылт көгүш	kızgılt køgyʃ
carmesí (adj)	ачык кызыл	atʃık kızıl
claro (adj)	ачык	atʃık
oscuro (adj)	күңүрт	kyŋyrt
vivo (adj)	ачык	atʃık
de color (lápiz ~)	түстүү	tystyy
en colores (película ~)	түстүү	tystyy
blanco y negro (adj)	ак-кара	ak-kara
unicolor (adj)	бир өңчөй түстө	bir øŋtʃøj tystø
multicolor (adj)	ар түрдүү түстө	ar tyrdyy tystø

15. Las preguntas

¿Quién?	Ким?	kim?
¿Qué?	Эмне?	emne?
¿Dónde?	Каерде?	kaerde?
¿Adónde?	Каяка?	kajaka?
¿De dónde?	Каяктан?	kajaktan?
¿Cuándo?	Качан?	katʃan?
¿Para qué?	Эмне үчүн?	emne ytʃyn?
¿Por qué?	Эмнеге?	emnege?
¿Por qué razón?	Кайсы керекке?	kajsı kerekke?
¿Cómo?	Кандай?	kandaj?
¿Qué ...? (~ color)	Кайсы?	kajsı?
¿Cuál?	Кайсынысы?	kajsınısı?
¿A quién?	Кимге?	kimge?

¿De quién? (~ hablan ...)	Ким жөнүндө?	kim dʒønyndø?
¿De qué?	Эмне жөнүндө?	emne dʒønyndø?
¿Con quién?	Ким менен?	kim menen?

¿Cuánto?	Канча?	kantʃa?
¿De quién? (~ es este ...)	Кимдики?	kimdiki?
¿De quién? (fem.)	Кимдики?	kimdiki?
¿De quién? (pl)	Кимдердики?	kimderdiki?

16. Las preposiciones

con ... (~ algn)	менен	menen
sin ... (~ azúcar)	-сыз, -сиз	-sız, -siz
a ... (p.ej. voy a México)	... көздөй	... køzdøj
de ... (hablar ~)	... жөнүндө	... dʒønyndø
antes de ...	... астында	... astında
delante de ...	... алдында	... aldında

debajo de ...	... астында	... astında
sobre ..., encima de ...	... өйдө	... øjdø
en, sobre (~ la mesa)	... үстүндө	... ystyndø
de (origen)	-дан	-dan
de (fabricado de)	-дан	-dan

| dentro de ... | ... ичинде | ... itʃinde |
| encima de ... | ... үстүнөн | ... ystynøn |

17. Las palabras útiles. Los adverbios. Unidad 1

¿Dónde?	Каерде?	kaerde?
aquí (adv)	бул жерде	bul dʒerde
allí (adv)	тээтигил жакта	teetigil dʒakta

| en alguna parte | бир жерде | bir dʒerde |
| en ninguna parte | эч жакта | etʃ dʒakta |

| junto a ... | ... жанында | ... dʒanında |
| junto a la ventana | терезенин жанында | terezenin dʒanında |

¿A dónde?	Каяка?	kajaka?
aquí (venga ~)	бери	beri
allí (vendré ~)	нары	narı
de aquí (adv)	бул жерден	bul dʒerden
de allí (adv)	тигил жерден	tigil dʒerden

| cerca (no lejos) | жакын | dʒakın |
| lejos (adv) | алыс | alıs |

cerca de ...	... тегерегинде	... tegereginde
al lado (de ...)	жакын арада	dʒakın arada
no lejos (adv)	алыс эмес	alıs emes
izquierdo (adj)	сол	sol

Español	Kirguís (cirílico)	Kirguís (latino)
a la izquierda (situado ~)	сол жакта	sol dʒakta
a la izquierda (girar ~)	солго	solgo
derecho (adj)	оң	oŋ
a la derecha (situado ~)	оң жакта	oŋ dʒakta
a la derecha (girar)	оңго	oŋgo
delante (yo voy ~)	астыда	astıda
delantero (adj)	алдыңкы	aldıŋkı
adelante (movimiento)	алдыга	aldıga
detrás de ...	артында	artında
desde atrás	артынан	artınan
atrás (da un paso ~)	артка	artka
centro (m), medio (m)	ортосу	ortosu
en medio (adv)	ортосунда	ortosunda
de lado (adv)	капталында	kaptalında
en todas partes	бүт жерде	byt dʒerde
alrededor (adv)	айланасында	ajlanasında
de dentro (adv)	ичинде	itʃinde
a alguna parte	бир жерде	bir dʒerde
todo derecho (adv)	түз	tyz
atrás (muévelo para ~)	кайра	kajra
de alguna parte (adv)	бир жерден	bir dʒerden
no se sabe de dónde	бир жактан	bir dʒaktan
primero (adv)	биринчиден	birintʃiden
segundo (adv)	экинчиден	ekintʃiden
tercero (adv)	үчүнчүдөн	ytʃyntʃydøn
de súbito (adv)	күтпөгөн жерден	kytpøgøn dʒerden
al principio (adv)	башында	baʃında
por primera vez	биринчи жолу	birintʃi dʒolu
mucho tiempo antes ...	... алдында	... aldında
de nuevo (adv)	башынан	baʃınan
para siempre (adv)	түбөлүккө	tybølykkø
jamás, nunca (adv)	эч качан	etʃ katʃan
de nuevo (adv)	кайра	kajra
ahora (adv)	эми	emi
frecuentemente (adv)	көпчүлүк учурда	køptʃylyk utʃurda
entonces (adv)	анда	anda
urgentemente (adv)	тезинен	tezinen
usualmente (adv)	көбүнчө	købyntʃø
a propósito, ...	баса, ...	basa, ...
es probable	мүмкүн	mymkyn
probablemente (adv)	балким	balkim
tal vez	ыктымал	ıktımal
además ...	андан тышкары, ...	andan tıʃkarı, ...
por eso ...	ошондуктан ...	oʃonduktan ...
a pesar de ...	... карабастан	... karabastan

gracias a …	… күчү менен	… kytʃy menen
qué (pron)	эмне	emne
que (conj)	эмне	emne
algo (~ le ha pasado)	бир нерсе	bir nerse
algo (~ así)	бир нерсе	bir nerse
nada (f)	эч нерсе	etʃ nerse
quien	ким	kim
alguien (viene ~)	кимдир бирөө	kimdir birøø
alguien (¿ha llamado ~?)	бирөө жарым	birøø dʒarım
nadie	эч ким	etʃ kim
a ninguna parte	эч жака	etʃ dʒaka
de nadie	эч кимдики	etʃ kimdiki
de alguien	бирөөнүкү	birøønyky
tan, tanto (adv)	эми	emi
también (~ habla francés)	ошондой эле	oʃondoj ele
también (p.ej. Yo ~)	дагы	dagı

18. Las palabras útiles. Los adverbios. Unidad 2

¿Por qué?	Эмнеге?	emnege?
no se sabe porqué	эмнегедир	emnegedir
porque …	… себептен	… sebepten
por cualquier razón (adv)	эмне үчүндүр	emne ytʃyndyr
y (p.ej. uno y medio)	жана	dʒana
o (p.ej. té o café)	же	dʒe
pero (p.ej. me gusta, ~)	бирок	birok
para (p.ej. es para ti)	үчүн	ytʃyn
demasiado (adv)	өтө эле	øtø ele
sólo, solamente (adv)	азыр эле	azır ele
exactamente (adv)	так	tak
unos …, cerca de … (~ 10 kg)	болжол менен	boldʒol menen
aproximadamente	болжол менен	boldʒol menen
aproximado (adj)	болжолдуу	boldʒolduu
casi (adv)	дээрлик	deerlik
resto (m)	калганы	kalganı
el otro (adj)	башка	baʃka
otro (p.ej. el otro día)	башка бөлөк	baʃka bøløk
cada (adj)	ар бири	ar biri
cualquier (adj)	баардык	baardık
mucho (adv)	көп	køp
muchos (mucha gente)	көбү	køby
todos	баары	baarı
a cambio de …	… алмашуу	… almaʃuu
en cambio (adv)	ордуна	orduna
a mano (hecho ~)	колго	kolgo

poco probable	ишенүүгө болбойт	iʃenyygø bolbojt
probablemente	балким	balkim
a propósito (adv)	атайын	atajın
por accidente (adv)	кокустан	kokustan
muy (adv)	аябай	ajabaj
por ejemplo (adv)	мисалы	misalı
entre (~ nosotros)	ортосунда	ortosunda
entre (~ otras cosas)	арасында	arasında
tanto (~ gente)	ошончо	oʃontʃo
especialmente (adv)	өзгөчө	øzgøtʃø

Conceptos básicos. Unidad 2

19. Los días de la semana

lunes (m)	дүйшөмбү	dyjʃømby
martes (m)	шейшемби	ʃejʃembi
miércoles (m)	шаршемби	ʃarʃembi
jueves (m)	бейшемби	bejʃembi
viernes (m)	жума	dʒuma
sábado (m)	ишенби	iʃenbi
domingo (m)	жекшемби	dʒekʃembi
hoy (adv)	бүгүн	bygyn
mañana (adv)	эртең	erteŋ
pasado mañana	бирсүгүнү	birsygyny
ayer (adv)	кечээ	ketʃee
anteayer (adv)	мурда күнү	murda kyny
día (m)	күн	kyn
día (m) de trabajo	иш күнү	iʃ kyny
día (m) de fiesta	майрам күнү	majram kyny
día (m) de descanso	дем алыш күн	dem alıʃ kyn
fin (m) de semana	дем алыш күндөр	dem alıʃ kyndør
todo el día	күнү бою	kyny boju
al día siguiente	кийинки күнү	kijinki kyny
dos días atrás	эки күн мурун	eki kyn murun
en vísperas (adv)	жакында	dʒakında
diario (adj)	күндө	kyndø
cada día (adv)	күн сайын	kyn sajın
semana (f)	жума	dʒuma
semana (f) pasada	өткөн жумада	øtkøn dʒumada
semana (f) que viene	келаткан жумада	kelatkan dʒumada
semanal (adj)	жума сайын	dʒuma sajın
cada semana (adv)	жума сайын	dʒuma sajın
2 veces por semana	жумасына эки жолу	dʒumasına eki dʒolu
todos los martes	ар шейшемби	ar ʃejʃembi

20. Las horas. El día y la noche

mañana (f)	таң	taŋ
por la mañana	эртең менен	erteŋ menen
mediodía (m)	жарым күн	dʒarım kyn
por la tarde	түштөн кийин	tyʃtøn kijin
noche (f)	кеч	ketʃ
por la noche	кечинде	ketʃinde

noche (f) (p.ej. 2:00 a.m.)	түн	tyn
por la noche	түндө	tyndø
medianoche (f)	жарым түн	dʒarım tyn
segundo (m)	секунда	sekunda
minuto (m)	мүнөт	mynøt
hora (f)	саат	saat
media hora (f)	жарым саат	dʒarım saat
cuarto (m) de hora	чейрек саат	tʃejrek saat
quince minutos	он беш мүнөт	on beʃ mynøt
veinticuatro horas	сутка	sutka
salida (f) del sol	күндүн чыгышы	kyndyn tʃıgıʃı
amanecer (m)	таң агаруу	taŋ agaruu
madrugada (f)	таң эрте	taŋ erte
puesta (f) del sol	күн батуу	kyn batuu
de madrugada	таң эрте	taŋ erte
esta mañana	бүгүн эртең менен	bygyn erteŋ menen
mañana por la mañana	эртең эртең менен	erteŋ erteŋ menen
esta tarde	күндүзү	kyndyzy
por la tarde	түштөн кийин	tyʃtøn kijin
mañana por la tarde	эртең түштөн кийин	erteŋ tyʃtøn kijin
esta noche (p.ej. 8:00 p.m.)	бүгүн кечинде	bygyn ketʃinde
mañana por la noche	эртең кечинде	erteŋ ketʃinde
a las tres en punto	туура саат үчтө	tuura saat ytʃtø
a eso de las cuatro	болжол менен төрт саат	boldʒol menen tørt saat
para las doce	саат он экиде	saat on ekide
dentro de veinte minutos	жыйырма мүнөттөн кийин	dʒıjırma mynøttøn kijin
dentro de una hora	бир сааттан кийин	bir saattan kijin
a tiempo (adv)	өз убагында	øz ubagında
... menos cuarto	... он беш мүнөт калды	... on beʃ mynøt kaldı
durante una hora	бир сааттын ичинде	bir saattın itʃinde
cada quince minutos	он беш мүнөт сайын	on beʃ mynøt sajın
día y noche	бир сутка бою	bir sutka boju

21. Los meses. Las estaciones

enero (m)	январь	janvarʲ
febrero (m)	февраль	fevralʲ
marzo (m)	март	mart
abril (m)	апрель	aprelʲ
mayo (m)	май	maj
junio (m)	июнь	ijunʲ
julio (m)	июль	ijulʲ
agosto (m)	август	avgust
septiembre (m)	сентябрь	sentʲabrʲ
octubre (m)	октябрь	oktʲabrʲ

noviembre (m)	ноябрь	nojabrʲ
diciembre (m)	декабрь	dekabrʲ
primavera (f)	жаз	dʒaz
en primavera	жазында	dʒazɪnda
de primavera (adj)	жазгы	dʒazgɪ
verano (m)	жай	dʒaj
en verano	жайында	dʒajɪnda
de verano (adj)	жайкы	dʒajkɪ
otoño (m)	күз	kyz
en otoño	күзүндө	kyzyndø
de otoño (adj)	күздүк	kyzdyk
invierno (m)	кыш	kıʃ
en invierno	кышында	kıʃɪnda
de invierno (adj)	кышкы	kıʃkɪ
mes (m)	ай	aj
este mes	ушул айда	uʃul ajda
al mes siguiente	кийинки айда	kijinki ajda
el mes pasado	өткөн айда	øtkøn ajda
hace un mes	бир ай мурун	bir aj murun
dentro de un mes	бир айдан кийин	bir ajdan kijin
dentro de dos meses	эки айдан кийин	eki ajdan kijin
todo el mes	ай бою	aj bojʉ
todo un mes	толук бир ай	toluk bir aj
mensual (adj)	ай сайын	aj sajın
mensualmente (adv)	ай сайын	aj sajın
cada mes	ар бир айда	ar bir ajda
dos veces por mes	айына эки жолу	ajına eki dʒolu
año (m)	жыл	dʒıl
este año	бул жылы	bul dʒılı
el próximo año	келаткан жылы	kelatkan dʒılı
el año pasado	өткөн жылы	øtkøn dʒılı
hace un año	бир жыл мурун	bir dʒıl murun
dentro de un año	бир жылдан кийин	bir dʒıldan kijin
dentro de dos años	эки жылдан кийин	eki dʒıldan kijin
todo el año	жыл бою	dʒıl bodʒʉ
todo un año	толук бир жыл	toluk bir dʒıl
cada año	ар жыл сайын	ar dʒıl sajın
anual (adj)	жыл сайын	dʒıl sajin
anualmente (adv)	жыл сайын	dʒıl sajin
cuatro veces por año	жылына төрт жолу	dʒılına tørt dʒolu
fecha (f) (la ~ de hoy es ...)	число	tʃislo
fecha (f) (~ de entrega)	күн	kyn
calendario (m)	календарь	kalendarʲ
medio año (m)	жарым жыл	dʒarım dʒıl
seis meses	жарым чейрек	dʒarım tʃejrek

estación (f)	мезгил	mezgil
siglo (m)	кылым	kılım

22. Las unidades de medida

peso (m)	салмак	salmak
longitud (f)	узундук	uzunduk
anchura (f)	жазылык	dʒazılık
altura (f)	бийиктик	bijiktik
profundidad (f)	терендик	terendik
volumen (m)	келем	køløm
área (f)	аянт	ajant
gramo (m)	грамм	gramm
miligramo (m)	миллиграмм	milligramm
kilogramo (m)	килограмм	kilogramm
tonelada (f)	тонна	tonna
libra (f)	фунт	funt
onza (f)	унция	untsija
metro (m)	метр	metr
milímetro (m)	миллиметр	millimetr
centímetro (m)	сантиметр	santimetr
kilómetro (m)	километр	kilometr
milla (f)	миля	milʲa
pulgada (f)	дюйм	dʉjm
pie (m)	фут	fut
yarda (f)	ярд	jard
metro (m) cuadrado	квадраттык метр	kvadrattık metr
hectárea (f)	гектар	gektar
litro (m)	литр	litr
grado (m)	градус	gradus
voltio (m)	вольт	volʲt
amperio (m)	ампер	amper
caballo (m) de fuerza	ат кучу	at kytʃy
cantidad (f)	саны	sanı
un poco de ...	... бир аз	... bir az
mitad (f)	жарым	dʒarım
docena (f)	он эки даана	on eki daana
pieza (f)	даана	daana
dimensión (f)	чондук	tʃonduk
escala (f) (del mapa)	өлчөмчөн	øltʃømtʃen
mínimo (adj)	минималдуу	minimalduu
el más pequeño (adj)	эн кичинекей	eŋ kitʃinekej
medio (adj)	орточо	ortotʃo
máximo (adj)	максималдуу	maksimalduu
el más grande (adj)	эң чоң	eŋ tʃoŋ

23. Contenedores

tarro (m) de vidrio	банка	banka
lata (f) de hojalata	банка	banka
cubo (m)	чака	tʃaka
barril (m)	бочка	botʃka
palangana (f)	дагара	dagara
tanque (m)	бак	bak
petaca (f) (de alcohol)	фляжка	flʲadʒka
bidón (m) de gasolina	канистра	kanistra
cisterna (f)	цистерна	tsısterna
taza (f) (mug de cerámica)	кружка	krudʒka
taza (f) (~ de café)	чөйчөк	tʃøjtʃøk
platillo (m)	табак	tabak
vaso (m) (~ de agua)	ыстакан	ıstakan
copa (f) (~ de vino)	бокал	bokal
olla (f)	мискей	miskej
botella (f)	бөтөлкө	bøtølkø
cuello (m) de botella	оозу	oozu
garrafa (f)	графин	grafin
jarro (m) (~ de agua)	кумура	kumura
recipiente (m)	идиш	idiʃ
tarro (m)	карапа	karapa
florero (m)	ваза	vaza
frasco (m) (~ de perfume)	флакон	flakon
frasquito (m)	кичине бөтөлкө	kitʃine bøtølkø
tubo (m)	тюбик	tubik
saco (m) (~ de azúcar)	кап	kap
bolsa (f) (~ plástica)	пакет	paket
paquete (m) (~ de cigarrillos)	пачке	patʃke
caja (f)	куту	kutu
cajón (m) (~ de madera)	үкөк	ykøk
cesta (f)	себет	sebet

EL SER HUMANO

El ser humano. El cuerpo

24. La cabeza

cabeza (f)	баш	baʃ
cara (f)	бет	bet
nariz (f)	мурун	murun
boca (f)	ооз	ooz
ojo (m)	көз	køz
ojos (m pl)	көздөр	køzdør
pupila (f)	карек	karek
ceja (f)	каш	kaʃ
pestaña (f)	кирпик	kirpik
párpado (m)	кабак	kabak
lengua (f)	тил	til
diente (m)	тиш	tiʃ
labios (m pl)	эриндер	erinder
pómulos (m pl)	бет сөөгү	bet søøgy
encía (f)	тиш эти	tiʃ eti
paladar (m)	таңдай	taŋdaj
ventanas (f pl)	мурун тешиги	murun teʃigi
mentón (m)	ээк	eek
mandíbula (f)	жаак	dʒaak
mejilla (f)	бет	bet
frente (f)	чеке	tʃeke
sien (f)	чыкый	tʃıkıj
oreja (f)	кулак	kulak
nuca (f)	желке	dʒelke
cuello (m)	моюн	mojʉn
garganta (f)	тамак	tamak
pelo, cabello (m)	чач	tʃatʃ
peinado (m)	чач жасоо	tʃatʃ dʒasoo
corte (m) de pelo	чач кыркуу	tʃatʃ kırkuu
peluca (f)	парик	parik
bigote (m)	мурут	murut
barba (f)	сакал	sakal
tener (~ la barba)	мурут коюу	murut kojʉu
trenza (f)	өрүм чач	ørym tʃatʃ
patillas (f pl)	бакенбарда	bakenbarda
pelirrojo (adj)	сары	sarı
gris, canoso (adj)	ак чачтуу	ak tʃatʃtuu

calvo (adj)	таз	taz
calva (f)	кашка	kaʃka
cola (f) de caballo	куйрук	kujruk
flequillo (m)	көкүл	køkyl

25. El cuerpo

mano (f)	беш манжа	beʃ mandʒa
brazo (m)	кол	kol
dedo (m)	манжа	mandʒa
dedo (m) del pie	манжа	mandʒa
dedo (m) pulgar	бармак	barmak
dedo (m) meñique	чыпалак	tʃıpalak
uña (f)	тырмак	tırmak
puño (m)	муштум	muʃtum
palma (f)	алакан	alakan
muñeca (f)	билек	bilek
antebrazo (m)	каруу	karuu
codo (m)	чыканак	tʃıkanak
hombro (m)	ийин	ijin
pierna (f)	бут	but
planta (f)	таман	taman
rodilla (f)	тизе	tize
pantorrilla (f)	балтыр	baltır
cadera (f)	сан	san
talón (m)	согончок	sogontʃok
cuerpo (m)	дене	dene
vientre (m)	курсак	kursak
pecho (m)	төш	tøʃ
seno (m)	эмчек	emtʃek
lado (m), costado (m)	каптал	kaptal
espalda (f)	арка жон	arka dʒon
zona (f) lumbar	бел	bel
cintura (f), talle (m)	бел	bel
ombligo (m)	киндик	kindik
nalgas (f pl)	жамбаш	dʒambaʃ
trasero (m)	көчүк	køtʃyk
lunar (m)	мең	meŋ
marca (f) de nacimiento	кал	kal
tatuaje (m)	татуировка	tatuirovka
cicatriz (f)	тырык	tırık

La ropa y los accesorios

26. La ropa exterior. Los abrigos

ropa (f), vestido (m)	кийим	kijim
ropa (f) de calle	үстүңкү кийим	ystyŋky kijim
ropa (f) de invierno	кышкы кийим	kıʃkı kijim
abrigo (m)	пальто	palʲto
abrigo (m) de piel	тон	ton
abrigo (m) corto de piel	чолок тон	ʧolok ton
plumón (m)	мамык олпок	mamık olpok
cazadora (f)	күрмө	kyrmø
impermeable (m)	плащ	plaʃʧ
impermeable (adj)	суу өткүс	suu øtkys

27. Men's & women's clothing

camisa (f)	көйнөк	køjnøk
pantalones (m pl)	шым	ʃım
jeans, vaqueros (m pl)	джинсы	dʒinsı
chaqueta (f), saco (m)	бешмант	beʃmant
traje (m)	костюм	kostʉm
vestido (m)	көйнөк	køjnøk
falda (f)	юбка	jʉbka
blusa (f)	блузка	bluzka
rebeca (f), chaqueta (f) de punto	кофта	kofta
chaqueta (f)	кыска бешмант	kıska beʃmant
camiseta (f) (T-shirt)	футболка	futbolka
shorts (m pl)	чолок шым	ʧolok ʃım
traje (m) deportivo	спорт кийими	sport kijimi
bata (f) de baño	халат	χalat
pijama (f)	пижама	pidʒama
jersey (m), suéter (m)	свитер	sviter
pulóver (m)	пуловер	pulover
chaleco (m)	жилет	dʒilet
frac (m)	фрак	frak
esmoquin (m)	смокинг	smoking
uniforme (m)	форма	forma
ropa (f) de trabajo	жумуш кийим	dʒumuʃ kijim
mono (m)	комбинезон	kombinezon
bata (f) (p. ej. ~ blanca)	халат	χalat

28. La ropa. La ropa interior

ropa (f) interior	ич кийим	itʃ kijim
bóxer (m)	эркектер чолок дамбалы	erkekter tʃolok dambalı
bragas (f pl)	аялдар трусиги	ajaldar trusigi
camiseta (f) interior	майка	majka
calcetines (m pl)	байпак	bajpak
camisón (m)	жатаарда кийүүчү көйнөк	dʒataarda kijyytʃy køjnøk
sostén (m)	бюстгальтер	bʉstgalʲter
calcetines (m pl) altos	гольфы	golʲfı
pantimedias (f pl)	колготки	kolgotki
medias (f pl)	байпак	bajpak
traje (m) de baño	купальник	kupalʲnik

29. Gorras

gorro (m)	топу	topu
sombrero (m) de fieltro	шляпа	ʃlʲapa
gorra (f) de béisbol	бейсболка	bejsbolka
gorra (f) plana	кепка	kepka
boina (f)	берет	beret
capuchón (m)	капюшон	kapʉʃon
panamá (m)	панамка	panamka
gorro (m) de punto	токулган шапка	tokulgan ʃapka
pañuelo (m)	жоолук	dʒooluk
sombrero (m) de mujer	шляпа	ʃlʲapa
casco (m) (~ protector)	каска	kaska
gorro (m) de campaña	пилотка	pilotka
casco (m) (~ de moto)	шлем	ʃlem
bombín (m)	котелок	kotelok
sombrero (m) de copa	цилиндр	tsılindr

30. El calzado

calzado (m)	бут кийим	but kijim
botas (f pl)	ботинка	botinka
zapatos (m pl) (~ de tacón bajo)	туфли	tufli
botas (f pl) altas	өтүк	øtyk
zapatillas (f pl)	тапочка	tapotʃka
tenis (m pl)	кроссовка	krossovka
zapatillas (f pl) de lona	кеды	kedı
sandalias (f pl)	сандалии	sandalii
zapatero (m)	өтүкчү	øtyktʃy
tacón (m)	така	taka

par (m)	түгөй	tygøj
cordón (m)	боо	boo
encordonar (vt)	боолоо	booloo
calzador (m)	кашык	kaʃık
betún (m)	өтүк май	øtyk maj

31. Accesorios personales

guantes (m pl)	колкап	kolkap
manoplas (f pl)	мээлей	meelej
bufanda (f)	моюн орогуч	mojʉn oroguʧ
gafas (f pl)	көз айнек	køz ajnek
montura (f)	алкак	alkak
paraguas (m)	чатырча	ʧatırʧa
bastón (m)	аса таяк	asa tajak
cepillo (m) de pelo	тарак	tarak
abanico (m)	желпингич	ʤelpingiʧ
corbata (f)	галстук	galstuk
pajarita (f)	галстук-бабочка	galstuk-baboʧka
tirantes (m pl)	шым тарткыч	ʃım tartkıʧ
moquero (m)	бетаарчы	betaarʧı
peine (m)	тарак	tarak
pasador (m) de pelo	чачсайгы	ʧaʧsajgı
horquilla (f)	шпилька	ʃpilʲka
hebilla (f)	таралга	taralga
cinturón (m)	кайыш кур	kajıʃ kur
correa (f) (de bolso)	илгич	ilgiʧ
bolsa (f)	колбаштык	kolbaʃtık
bolso (m)	кичине колбаштык	kiʧine kolbaʃtık
mochila (f)	жонбаштык	ʤonbaʃtık

32. La ropa. Miscelánea

moda (f)	мода	moda
de moda (adj)	саркеч	sarkeʧ
diseñador (m) de moda	модельер	modeljer
cuello (m)	жака	ʤaka
bolsillo (m)	чөнтөк	ʧøntøk
de bolsillo (adj)	чөнтөк	ʧøntøk
manga (f)	жең	ʤeŋ
presilla (f)	илгич	ilgiʧ
brageta (f)	ширинка	ʃirinka
cremallera (f)	молния	molnija
cierre (m)	топчулук	topʧuluk
botón (m)	топчу	topʧu

ojal (m)	илмек	ilmek
saltar (un botón)	үзүлүү	yzylyy
coser (vi, vt)	тигүү	tigyy
bordar (vt)	сайма саюу	sajma sajuu
bordado (m)	сайма	sajma
aguja (f)	ийне	ijne
hilo (m)	жип	dʒip
costura (f)	тигиш	tigiʃ
ensuciarse (vr)	булгап алуу	bulgap aluu
mancha (f)	так	tak
arrugarse (vr)	бырышып калуу	bırıʃıp kaluu
rasgar (vt)	айрылуу	ajrıluu
polilla (f)	күбө	kybø

33. Productos personales. Cosméticos

pasta (f) de dientes	тиш пастасы	tiʃ pastası
cepillo (m) de dientes	тиш щёткасы	tiʃ ʃtʃotkası
limpiarse los dientes	тиш жуу	tiʃ dʒuu
maquinilla (f) de afeitar	устара	ustara
crema (f) de afeitar	кырынуу үчүн көбүк	kırınuu ytʃyn købyk
afeitarse (vr)	кырынуу	kırınuu
jabón (m)	самын	samın
champú (m)	шампунь	ʃampunʲ
tijeras (f pl)	кайчы	kajtʃı
lima (f) de uñas	тырмак өгөө	tırmak øgøø
cortaúñas (m pl)	тырмак кычкачы	tırmak kıtʃkatʃı
pinzas (f pl)	искек	iskek
cosméticos (m pl)	упа-эндик	upa-endik
mascarilla (f)	маска	maska
manicura (f)	маникюр	manikʉr
hacer la manicura	маникюр жасоо	manikdʒʉr dʒasoo
pedicura (f)	педикюр	pedikʉr
neceser (m) de maquillaje	косметичка	kosmetitʃka
polvos (m pl)	упа	upa
polvera (f)	упа кутусу	upa kutusu
colorete (m), rubor (m)	эндик	endik
perfume (m)	атыр	atır
agua (f) perfumada	туалет атыр суусу	tualet atır suusu
loción (f)	лосьон	losʲon
agua (f) de colonia	одеколон	odekolon
sombra (f) de ojos	көз боёгу	køz bojogu
lápiz (m) de ojos	көз карандашы	køz karandaʃı
rímel (m)	кирпик үчүн боек	kirpik ytʃyn boek
pintalabios (m)	эрин помадасы	erin pomadası

esmalte (m) de uñas	тырмак үчүн лак	tırmak ytʃyn lak
fijador (m) (para el pelo)	чач үчүн лак	tʃatʃ ytʃyn lak
desodorante (m)	дезодорант	dezodorant

crema (f)	крем	krem
crema (f) de belleza	бетмай	betmaj
crema (f) de manos	кол үчүн май	kol ytʃyn maj
crema (f) antiarrugas	бырыштарга каршы бет май	bırıʃtarga karʃı bet maj

crema (f) de día	күндүзгү бет май	kyndyzgy bet maj
crema (f) de noche	түнкү бет май	tynky bet maj
de día (adj)	күндүзгү	kyndyzgy
de noche (adj)	түнкү	tynky

tampón (m)	тампон	tampon
papel (m) higiénico	даарат кагазы	daarat kagazı
secador (m) de pelo	фен	fen

34. Los relojes

reloj (m)	кол саат	kol saat
esfera (f)	циферблат	tsıferblat
aguja (f)	жебе	dʒebe
pulsera (f)	браслет	braslet
correa (f) (del reloj)	кайыш кур	kajıʃ kur

pila (f)	батарейка	batarejka
descargarse (vr)	зарядканын түгөнүүсү	zarʲadkanın tygønyysy
cambiar la pila	батарейка алмаштыруу	batarejka almaʃtıruu
adelantarse (vr)	алдыга кетүү	aldıga ketyy
retrasarse (vr)	калуу	kaluu

reloj (m) de pared	дубалга тагуучу саат	dubalga taguutʃu saat
reloj (m) de arena	кум саат	kum saat
reloj (m) de sol	күн саат	kyn saat
despertador (m)	ойготкуч саат	ojgotkutʃ saat
relojero (m)	саат устасы	saat ustası
reparar (vt)	оңдоо	oŋdoo

La comida y la nutrición

35. La comida

carne (f)	эт	et
gallina (f)	тоок	took
pollo (m)	балапан	balapan
pato (m)	өрдөк	ørdøk
ganso (m)	каз	kaz
caza (f) menor	илбээсин	ilbeesin
pava (f)	күрп	kyrp
carne (f) de cerdo	чочко эти	tʃotʃko eti
carne (f) de ternera	торпок эти	torpok eti
carne (f) de carnero	кой эти	koj eti
carne (f) de vaca	уй эти	uj eti
conejo (m)	коен	koen
salchichón (m)	колбаса	kolbasa
salchicha (f)	сосиска	sosiska
beicon (m)	бекон	bekon
jamón (m)	ветчина	vettʃina
jamón (m) fresco	сан эт	san et
paté (m)	паштет	paʃtet
hígado (m)	боор	boor
carne (f) picada	фарш	farʃ
lengua (f)	тил	til
huevo (m)	жумуртка	dʒumurtka
huevos (m pl)	жумурткалар	dʒumurtkalar
clara (f)	жумуртканын агы	dʒumurtkanın agı
yema (f)	жумуртканын сарысы	dʒumurtkanın sarısı
pescado (m)	балык	balık
mariscos (m pl)	деңиз азыктары	deŋiz azıktarı
crustáceos (m pl)	рак сыяктуулар	rak sıjaktuular
caviar (m)	урук	uruk
cangrejo (m) de mar	краб	krab
camarón (m)	креветка	krevetka
ostra (f)	устрица	ustritsa
langosta (f)	лангуст	langust
pulpo (m)	сегиз бут	segiz but
calamar (m)	кальмар	kalʲmar
esturión (m)	осетрина	osetrina
salmón (m)	лосось	lososʲ
fletán (m)	палтус	paltus
bacalao (m)	треска	treska

caballa (f)	скумбрия	skumbrija
atún (m)	тунец	tunets
anguila (f)	угорь	ugorʲ
trucha (f)	форель	forelʲ
sardina (f)	сардина	sardina
lucio (m)	чортон	tʃorton
arenque (m)	сельдь	selʲdʲ
pan (m)	нан	nan
queso (m)	сыр	sır
azúcar (m)	кум шекер	kum-ʃeker
sal (f)	туз	tuz
arroz (m)	күрүч	kyrytʃ
macarrones (m pl)	макарон	makaron
tallarines (m pl)	кесме	kesme
mantequilla (f)	ак май	ak maj
aceite (m) vegetal	өсүмдүк майы	øsymdyk majı
aceite (m) de girasol	күн карама майы	kyn karama majı
margarina (f)	маргарин	margarin
olivas (f pl)	зайтун	zajtun
aceite (m) de oliva	зайтун майы	zajtun majı
leche (f)	сүт	syt
leche (f) condensada	коютулган сүт	kojutulgan syt
yogur (m)	йогурт	jogurt
nata (f) agria	сметана	smetana
nata (f) líquida	каймак	kajmak
mayonesa (f)	майонез	majonez
crema (f) de mantequilla	крем	krem
cereal molido grueso	акшак	akʃak
harina (f)	ун	un
conservas (f pl)	консерва	konserva
copos (m pl) de maíz	жарылган жүгөрү	dʒarılgan dʒygøry
miel (f)	бал	bal
confitura (f)	джем, конфитюр	dʒem, konfitʉr
chicle (m)	сагыз	sagız

36. Las bebidas

agua (f)	суу	suu
agua (f) potable	ичүүчү суу	itʃyytʃy suu
agua (f) mineral	минерал суусу	mineral suusu
sin gas	газсыз	gazsız
gaseoso (adj)	газдалган	gazdalgan
con gas	газы менен	gazı menen
hielo (m)	муз	muz

con hielo	музу менен	muzu menen
sin alcohol	алкоголсуз	alkogolsuz
bebida (f) sin alcohol	алкоголсуз ичимдик	alkogolsuz itʃimdik
refresco (m)	суусундук	suusunduk
limonada (f)	лимонад	limonad

bebidas (f pl) alcohólicas	спирт ичимдиктери	spirt itʃimdikteri
vino (m)	шарап	ʃarap
vino (m) blanco	ак шарап	ak ʃarap
vino (m) tinto	кызыл шарап	kızıl ʃarap

licor (m)	ликёр	likʲor
champaña (f)	шампан	ʃampan
vermú (m)	вермут	vermut

whisky (m)	виски	viski
vodka (m)	арак	arak
ginebra (f)	джин	dʒin
coñac (m)	коньяк	konjak
ron (m)	ром	rom

café (m)	кофе	kofe
café (m) solo	кара кофе	kara kofe
café (m) con leche	сүттөлгөн кофе	syttølgøn kofe
capuchino (m)	капучино	kaputʃino
café (m) soluble	эрүүчү кофе	eryytʃy kofe

leche (f)	сүт	syt
cóctel (m)	коктейль	koktejlʲ
batido (m)	сүт коктейли	syt koktejli

zumo (m), jugo (m)	шире	ʃire
jugo (m) de tomate	томат ширеси	tomat ʃiresi
zumo (m) de naranja	апельсин ширеси	apelʲsin ʃiresi
zumo (m) fresco	түз сыгылып алынган шире	tyz sıgılıp alıngan ʃire

cerveza (f)	сыра	sıra
cerveza (f) rubia	ачык сыра	atʃık sıra
cerveza (f) negra	коңур сыра	koŋur sıra

té (m)	чай	tʃaj
té (m) negro	кара чай	kara tʃaj
té (m) verde	жашыл чай	dʒaʃıl tʃaj

37. Las verduras

| legumbres (f pl) | жашылча | dʒaʃıltʃa |
| verduras (f pl) | көк чөп | køk tʃøp |

tomate (m)	помидор	pomidor
pepino (m)	бадыраң	badıraŋ
zanahoria (f)	сабиз	sabiz
patata (f)	картошка	kartoʃka

cebolla (f)	пияз	pijaz
ajo (m)	сарымсак	sarımsak
col (f)	капуста	kapusta
coliflor (f)	гүлдүү капуста	gyldyy kapusta
col (f) de Bruselas	брюссель капустасы	brʉsselʲ kapustası
brócoli (m)	брокколи капустасы	brokkoli kapustası
remolacha (f)	кызылча	kızıltʃa
berenjena (f)	баклажан	bakladʒan
calabacín (m)	кабачок	kabatʃok
calabaza (f)	ашкабак	aʃkabak
nabo (m)	шалгам	ʃalgam
perejil (m)	петрушка	petruʃka
eneldo (m)	укроп	ukrop
lechuga (f)	салат	salat
apio (m)	сельдерей	selʲderej
espárrago (m)	спаржа	spardʒa
espinaca (f)	шпинат	ʃpinat
guisante (m)	нокот	nokot
habas (f pl)	буурчак	buurtʃak
maíz (m)	жүгөрү	dʒygøry
fréjol (m)	төө буурчак	tøø buurtʃak
pimentón (m)	таттуу перец	tattuu perets
rábano (m)	шалгам	ʃalgam
alcachofa (f)	артишок	artiʃok

38. Las frutas. Las nueces

fruto (m)	мөмө	mømø
manzana (f)	алма	alma
pera (f)	алмурут	almurut
limón (m)	лимон	limon
naranja (f)	апельсин	apelʲsin
fresa (f)	кулпунай	kulpunaj
mandarina (f)	мандарин	mandarin
ciruela (f)	кара өрүк	kara øryk
melocotón (m)	шабдаалы	ʃabdaalı
albaricoque (m)	өрүк	øryk
frambuesa (f)	дан куурай	dan kuuraj
ananás (m)	ананас	ananas
banana (f)	банан	banan
sandía (f)	арбуз	arbuz
uva (f)	жүзүм	dʒyzym
guinda (f)	алча	altʃa
cereza (f)	гилас	gilas
melón (m)	коон	koon
pomelo (m)	грейпфрут	grejpfrut
aguacate (m)	авокадо	avokado

papaya (m)	папайя	papaja
mango (m)	манго	mango
granada (f)	анар	anar

grosella (f) roja	кызыл карагат	kızıl karagat
grosella (f) negra	кара карагат	kara karagat
grosella (f) espinosa	крыжовник	krıdʒovnik
arándano (m)	кара моюл	kara mojʉl
zarzamoras (f pl)	кара бүлдүркөн	kara byldyrkøn

pasas (f pl)	мейиз	mejiz
higo (m)	анжир	andʒir
dátil (m)	курма	kurma

cacahuete (m)	арахис	araχis
almendra (f)	бадам	badam
nuez (f)	жаңгак	dʒaŋgak
avellana (f)	токой жаңгагы	tokoj dʒaŋgagı
nuez (f) de coco	кокос жаңгагы	kokos dʒaŋgagı
pistachos (m pl)	мисте	miste

39. El pan. Los dulces

pasteles (m pl)	кондитер азыктары	konditer azıktarı
pan (m)	нан	nan
galletas (f pl)	печенье	petʃenje

chocolate (m)	шоколад	ʃokolad
de chocolate (adj)	шоколаддан	ʃokoladdan
caramelo (m)	конфета	konfeta
tarta (f) (pequeña)	пирожное	pirodʒnoe
tarta (f) (~ de cumpleaños)	торт	tort

| pastel (m) (~ de manzana) | пирог | pirog |
| relleno (m) | начинка | natʃinka |

confitura (f)	кыям	kıjam
mermelada (f)	мармелад	marmelad
gofre (m)	вафли	vafli
helado (m)	бал муздак	bal muzdak
pudín (f)	пудинг	puding

40. Los platos al horno

plato (m)	тамак	tamak
cocina (f)	даам	daam
receta (f)	тамак жасоо ыкмасы	tamak dʒasoo ıkması
porción (f)	порция	portsija

ensalada (f)	салат	salat
sopa (f)	сорпо	sorpo
caldo (m)	ынак сорпо	ınak sorpo

bocadillo (m)	бутерброд	buterbrod
huevos (m pl) fritos	куурулган жумуртка	kuurulgan dʒumurtka
hamburguesa (f)	гамбургер	gamburger
bistec (m)	бифштекс	bifʃteks
guarnición (f)	гарнир	garnir
espagueti (m)	спагетти	spagetti
puré (m) de patatas	эзилген картошка	ezilgen kartoʃka
pizza (f)	пицца	pitsa
gachas (f pl)	ботко	botko
tortilla (f) francesa	омлет	omlet
cocido en agua (adj)	сууга бышырылган	suuga bıʃırılgan
ahumado (adj)	ышталган	ıʃtalgan
frito (adj)	куурулган	kuurulgan
seco (adj)	кургатылган	kurgatılgan
congelado (adj)	тоңдурулган	toŋdurulgan
marinado (adj)	маринаддагы	marinaddagı
azucarado (adj)	таттуу	tattuu
salado (adj)	туздуу	tuzduu
frío (adj)	муздак	muzdak
caliente (adj)	ысык	ısık
amargo (adj)	ачуу	atʃuu
sabroso (adj)	даамдуу	daamduu
cocer en agua	кайнатуу	kajnatuu
preparar (la cena)	тамак бышыруу	tamak bıʃıruu
freír (vt)	кууруу	kuuruu
calentar (vt)	жылытуу	dʒılıtuu
salar (vt)	туздоо	tuzdoo
poner pimienta	калемпир кошуу	kalempir koʃuu
rallar (vt)	сүргүлөө	syrgyløø
piel (f)	сырты	sırtı
pelar (vt)	тазалоо	tazaloo

41. Las especias

sal (f)	туз	tuz
salado (adj)	туздуу	tuzduu
salar (vt)	туздоо	tuzdoo
pimienta (f) negra	кара мурч	kara murtʃ
pimienta (f) roja	кызыл калемпир	kızıl kalempir
mostaza (f)	горчица	gortʃitsa
rábano (m) picante	хрен	χren
condimento (m)	татымал	tatımal
especia (f)	татымал	tatımal
salsa (f)	соус	sous
vinagre (m)	уксус	uksus
anís (m)	анис	anis

albahaca (f)	райхон	rajxon
clavo (m)	гвоздика	gvozdika
jengibre (m)	имбирь	imbirʲ
cilantro (m)	кориандр	koriandr
canela (f)	корица	koritsa
sésamo (m)	кунжут	kundʒut
hoja (f) de laurel	лавр жалбырагы	lavr dʒalbıragı
paprika (f)	паприка	paprika
comino (m)	зира	zira
azafrán (m)	заапаран	zaaparan

42. Las comidas

comida (f)	тамак	tamak
comer (vi, vt)	тамактануу	tamaktanuu
desayuno (m)	таңкы тамак	taŋkı tamak
desayunar (vi)	эртең менен тамактануу	erteŋ menen tamaktanuu
almuerzo (m)	түшкү тамак	tyʃky tamak
almorzar (vi)	түштөнүү	tyʃtønyy
cena (f)	кечки тамак	ketʃki tamak
cenar (vi)	кечки тамакты ичүү	ketʃki tamaktı itʃyy
apetito (m)	табит	tabit
¡Que aproveche!	Тамагыңыз таттуу болсун!	tamagıŋız tattuu bolsun!
abrir (vt)	ачуу	atʃuu
derramar (líquido)	төгүп алуу	tøgyp aluu
derramarse (líquido)	төгүлүү	tøgylyy
hervir (vi)	кайноо	kajnoo
hervir (vt)	кайнатуу	kajnatuu
hervido (agua ~a)	кайнатылган	kajnatılgan
enfriar (vt)	суутуу	suutuu
enfriarse (vr)	сууп туруу	suup turuu
sabor (m)	даам	daam
regusto (m)	даамдануу	daamdanuu
adelgazar (vi)	арыктоо	arıktoo
dieta (f)	мүнөз тамак	mynøz tamak
vitamina (f)	витамин	vitamin
caloría (f)	калория	kalorija
vegetariano (m)	эттен чанган	etten tʃangan
vegetariano (adj)	этсиз даярдалган	etsiz dajardalgan
grasas (f pl)	майлар	majlar
proteínas (f pl)	белоктор	beloktor
carbohidratos (m pl)	көмүрсуулар	kømyrsuular
loncha (f)	кесим	kesim
pedazo (m)	бөлүк	bølyk
miga (f)	күкүм	kykym

43. Los cubiertos

cuchara (f)	кашык	kaʃık
cuchillo (m)	бычак	bıtʃak
tenedor (m)	вилка	vilka
taza (f)	чөйчөк	tʃøjtʃøk
plato (m)	табак	tabak
platillo (m)	табак	tabak
servilleta (f)	майлык	majlık
mondadientes (m)	тиш чукугуч	tiʃ tʃukugutʃ

44. El restaurante

restaurante (m)	ресторан	restoran
cafetería (f)	кофекана	kofekana
bar (m)	бар	bar
salón (m) de té	чай салону	tʃaj salonu
camarero (m)	официант	ofitsiant
camarera (f)	официант кыз	ofitsiant kız
barman (m)	бармен	barmen
carta (f), menú (m)	меню	menu
carta (f) de vinos	шарап картасы	ʃarap kartası
reservar una mesa	столду камдык буйрутмалоо	stoldu kamdık bujrutmaloo
plato (m)	тамак	tamak
pedir (vt)	буйрутма кылуу	bujrutma kıluu
hacer el pedido	буйрутма берүү	bujrutma beryy
aperitivo (m)	аперитив	aperitiv
entremés (m)	ысылык	ısılık
postre (m)	десерт	desert
cuenta (f)	эсеп	esep
pagar la cuenta	эсеп төлөө	esep tøløø
dar la vuelta	майда акчаны кайтаруу	majda aktʃanı kajtaruu
propina (f)	чайпул	tʃajpul

La familia nuclear, los parientes y los amigos

45. La información personal. Los formularios

nombre (m)	аты	atı
apellido (m)	фамилиясы	familijası
fecha (f) de nacimiento	төрөлгөн күнү	tørølgøn kyny
lugar (m) de nacimiento	туулган жери	tuulgan dʒeri
nacionalidad (f)	улуту	ulutu
domicilio (m)	жашаган жери	dʒaʃagan dʒeri
país (m)	өлкө	ølkø
profesión (f)	кесиби	kesibi
sexo (m)	жынысы	dʒınısı
estatura (f)	бою	bojʉ
peso (m)	салмак	salmak

46. Los familiares. Los parientes

madre (f)	эне	ene
padre (m)	ата	ata
hijo (m)	уул	uul
hija (f)	кыз	kız
hija (f) menor	кичүү кыз	kitʃyy kız
hijo (m) menor	кичүү уул	kitʃyy uul
hija (f) mayor	улуу кыз	uluu kız
hijo (m) mayor	улуу уул	uluu uul
hermano (m)	бир тууган	bir tuugan
hermano (m) mayor	байке	bajke
hermano (m) menor	ини	ini
hermana (f)	бир тууган	bir tuugan
hermana (f) mayor	эже	edʒe
hermana (f) menor	сиңди	siŋdi
primo (m)	атасы же энеси бир тууган	atası dʒe enesi bir tuugan
prima (f)	атасы же энеси бир тууган	atası dʒe enesi bir tuugan
mamá (f)	апа	apa
papá (m)	ата	ata
padres (m pl)	ата-эне	ata-ene
niño -a (m, f)	бала	bala
niños (m pl)	балдар	baldar
abuela (f)	чоң апа	tʃoŋ apa

abuelo (m)	чоң ата	ʧoŋ ata
nieto (m)	небере бала	nebere bala
nieta (f)	небере кыз	nebere kız
nietos (m pl)	неберелер	nebereler
tío (m)	таяке	tajake
tía (f)	таяже	tajaʤe
sobrino (m)	ини	ini
sobrina (f)	жээн	ʤeen
suegra (f)	кайын эне	kajın ene
suegro (m)	кайын ата	kajın ata
yerno (m)	күйөө бала	kyjøø bala
madrastra (f)	өгөй эне	øgøj ene
padrastro (m)	өгөй ата	øgøj ata
niño (m) de pecho	эмчектеги бала	emʧektegi bala
bebé (m)	ымыркай	ımırkaj
chico (m)	бөбөк	bøbøk
mujer (f)	аял	ajal
marido (m)	эр	er
esposo (m)	күйөө	kyjøø
esposa (f)	зайып	zajıp
casado (adj)	аялы бар	ajalı bar
casada (adj)	күйөөдө	kyjøødø
soltero (adj)	бойдок	bojdok
soltero (m)	бойдок	bojdok
divorciado (adj)	ажырашкан	aʤıraʃkan
viuda (f)	жесир	ʤesir
viudo (m)	жесир	ʤesir
pariente (m)	тууган	tuugan
pariente (m) cercano	жакын тууган	ʤakın tuugan
pariente (m) lejano	алыс тууган	alıs tuugan
parientes (m pl)	бир тууган	bir tuugan
huérfano (m), huérfana (f)	жетим	ʤetim
tutor (m)	камкорчу	kamkorʧu
adoptar (un niño)	уул кылып асырап алуу	uul kılıp asırap aluu
adoptar (una niña)	кыз кылып асырап алуу	kız kılıp asırap aluu

La medicina

47. Las enfermedades

enfermedad (f)	оору	ooru
estar enfermo	оорyy	ooruu
salud (f)	ден-соолук	den-sooluk
resfriado (m) (coriza)	мурдунан суу агуу	murdunan suu aguu
angina (f)	ангина	angina
resfriado (m)	суук тийүү	suuk tijyy
resfriarse (vr)	суук тийгизип алуу	suuk tijgizip aluu
bronquitis (f)	бронхит	bronχit
pulmonía (f)	кабыргадан сезгенүү	kabırgadan sezgenyy
gripe (f)	сасык тумоо	sasık tumoo
miope (adj)	алыстан көрө албоо	alıstan körö alboo
présbita (adj)	жакындан көрө албоо	dʒakından körö alboo
estrabismo (m)	кылый көздүүлүк	kılıj közdyylyk
estrábico (m) (adj)	кылый көздүүлүк	kılıj közdyylyk
catarata (f)	челкөз	tʃelköz
glaucoma (f)	глаукома	glaukoma
insulto (m)	мээге кан куюлуу	meege kan kujuluu
ataque (m) cardiaco	инфаркт	infarkt
infarto (m) de miocardio	инфаркт миокарда	infarkt miokarda
parálisis (f)	шал	ʃal
paralizar (vt)	шал болуу	ʃal boluu
alergia (f)	аллергия	allergija
asma (f)	астма	astma
diabetes (m)	диабет	diabet
dolor (m) de muelas	тиш оорусу	tiʃ oorusu
caries (f)	кариес	karies
diarrea (f)	ич өткү	itʃ øtky
estreñimiento (m)	ич катуу	itʃ katuu
molestia (f) estomacal	ич бузулгандык	itʃ buzulgandık
envenenamiento (m)	ууланүү	uulanuu
envenenarse (vr)	ууланүү	uulanuu
artritis (f)	артрит	artrit
raquitismo (m)	итий	itij
reumatismo (m)	кызыл жүгүрүк	kızıl dʒygyryk
ateroesclerosis (f)	атеросклероз	ateroskleroz
gastritis (f)	карын сезгенүүсү	karın sezgenyysu
apendicitis (f)	аппендицит	appenditsit

colecistitis (m)	холецистит	χoletsistit
úlcera (f)	жара	dʒara
sarampión (m)	кызылча	kızıltʃa
rubeola (f)	кызамык	kızamık
ictericia (f)	сарык	sarık
hepatitis (f)	гепатит	gepatit
esquizofrenia (f)	шизофрения	ʃizofrenija
rabia (f) (hidrofobia)	кутурма	kuturma
neurosis (f)	невроз	nevroz
conmoción (m) cerebral	мээнин чайкалышы	meenin tʃajkalıʃı
cáncer (m)	рак	rak
esclerosis (f)	склероз	skleroz
esclerosis (m) múltiple	жайылган склероз	dʒajılgan skleroz
alcoholismo (m)	аракечтик	araketʃtik
alcohólico (m)	аракеч	araketʃ
sífilis (f)	котон жара	koton dʒara
SIDA (f)	СПИД	spid
tumor (m)	шишик	ʃiʃik
maligno (adj)	залалдуу	zalalduu
benigno (adj)	залалсыз	zalalsız
fiebre (f)	безгек	bezgek
malaria (f)	безгек	bezgek
gangrena (f)	кабыз	kabız
mareo (m)	деңиз оорусу	deŋiz oorusu
epilepsia (f)	талма	talma
epidemia (f)	эпидемия	epidemija
tifus (m)	келте	kelte
tuberculosis (f)	кургак учук	kurgak utʃuk
cólera (f)	холера	χolera
peste (f)	кара тумоо	kara tumoo

48. Los síntomas. Los tratamientos. Unidad 1

síntoma (m)	белги	belgi
temperatura (f)	дене табынын көтөрүлүшү	dene tabının kötörylyʃy
fiebre (f)	жогорку температура	dʒogorku temperatura
pulso (m)	тамыр кагышы	tamır kagıʃı
mareo (m) (vértigo)	баш айлануу	baʃ ajlanuu
caliente (adj)	ысык	ısık
escalofrío (m)	чыйрыгуу	tʃijrıguu
pálido (adj)	купкуу	kupkuu
tos (f)	жөтөл	dʒøtøl
toser (vi)	жөтөлүү	dʒøtølyy
estornudar (vi)	чүчкүрүү	tʃytʃkyryy

desmayo (m)	эси оо	esi oo
desmayarse (vr)	эси ооп жыгылуу	esi oop dʒıgıluu
moradura (f)	көк-ала	køk-ala
chichón (m)	шишик	ʃiʃik
golpearse (vr)	урунуп алуу	urunup aluu
magulladura (f)	көгөртүп алуу	køgørtyp aluu
magullarse (vr)	көгөртүп алуу	køgørtyp aluu
cojear (vi)	аксоо	aksoo
dislocación (f)	муундун чыгып кетүүсү	muundun tʃıgıp ketyysy
dislocar (vt)	чыгарып алуу	tʃıgarıp aluu
fractura (f)	сынуу	sınuu
tener una fractura	сындырып алуу	sındırıp aluu
corte (m) (tajo)	кесилген жер	kesilgen dʒer
cortarse (vr)	кесип алуу	kesip aluu
hemorragia (f)	кан кетүү	kan ketyy
quemadura (f)	күйүк	kyjyk
quemarse (vr)	күйгүзүп алуу	kyjgyzyp aluu
pincharse (el dedo)	саюу	sajuu
pincharse (vr)	сайып алуу	sajıp aluu
herir (vt)	кокустатып алуу	kokustatıp aluu
herida (f)	кокустатып алуу	kokustatıp aluu
lesión (f) (herida)	жара	dʒara
trauma (m)	жаракат	dʒarakat
delirar (vi)	жөлүү	dʒølyy
tartamudear (vi)	кекечтенүү	keketʃtenyy
insolación (f)	күн өтүү	kyn øtyy

49. Los síntomas. Los tratamientos. Unidad 2

dolor (m)	оору	ooru
astilla (f)	тикен	tiken
sudor (m)	тер	ter
sudar (vi)	тердөө	terdøø
vómito (m)	кусуу	kusuu
convulsiones (f)	тарамыш карышуусу	taramıʃ karıʃuusu
embarazada (adj)	кош бойлуу	koʃ bojluu
nacer (vi)	төрөлүү	tørølyy
parto (m)	төрөт	tørøt
dar a luz	төрөө	tørøø
aborto (m)	бойдон түшүрүү	bojdon tyʃyryy
respiración (f)	дем алуу	dem aluu
inspiración (f)	дем алуу	dem aluu
espiración (f)	дем чыгаруу	dem tʃıgaruu
espirar (vi)	дем чыгаруу	dem tʃıgaruu
inspirar (vi)	дем алуу	dem aluu

inválido (m)	майып	majıp
mutilado (m)	мунжу	mundʒu
drogadicto (m)	баңги	baŋgi
sordo (adj)	дүлөй	dyløj
mudo (adj)	дудук	duduk
sordomudo (adj)	дудук	duduk
loco (adj)	жин тийген	dʒin tijgen
loco (m)	жинди чалыш	dʒindi tʃalıʃ
loca (f)	жинди чалыш	dʒindi tʃalıʃ
volverse loco	мээси айныган	meesi ajnıgan
gen (m)	ген	gen
inmunidad (f)	иммунитет	immunitet
hereditario (adj)	тукум куучулук	tukum kuutʃuluk
de nacimiento (adj)	тубаса	tubasa
virus (m)	вирус	virus
microbio (m)	микроб	mikrob
bacteria (f)	бактерия	bakterija
infección (f)	жугуштуу илдет	dʒuguʃtuu ildet

50. Los síntomas. Los tratamientos. Unidad 3

hospital (m)	оорукана	oorukana
paciente (m)	бейтап	bejtap
diagnosis (f)	дарт аныктоо	dart anıktoo
cura (f)	дарылоо	darıloo
tratamiento (m)	дарылоо	darıloo
curarse (vr)	дарылануу	darılanuu
tratar (vt)	дарылоо	darıloo
cuidar (a un enfermo)	кароо	karoo
cuidados (m pl)	кароо	karoo
operación (f)	операция	operatsija
vendar (vt)	жараны таңуу	dʒaranı taŋuu
vendaje (m)	таңуу	taŋuu
vacunación (f)	эмдөө	emdøø
vacunar (vt)	эмдөө	emdøø
inyección (f)	ийне салуу	ijne saluu
aplicar una inyección	ийне сайдыруу	ijne sajdıruu
ataque (m)	оору кармап калуу	ooru karmap kaluu
amputación (f)	кесүү	kesyy
amputar (vt)	кесип таштоо	kesip taʃtoo
coma (m)	кома	koma
estar en coma	комада болуу	komada boluu
revitalización (f)	реанимация	reanimatsija
recuperarse (vr)	сакаюу	sakajuu
estado (m) (de salud)	абал	abal

consciencia (f)	эсинде	esinde
memoria (f)	эс тутум	es tutum
extraer (un diente)	тишти жулуу	tiʃti dʒuluu
empaste (m)	пломба	plomba
empastar (vt)	пломба салуу	plomba saluu
hipnosis (f)	гипноз	gipnoz
hipnotizar (vt)	гипноз кылуу	gipnoz kıluu

51. Los médicos

médico (m)	доктур	doktur
enfermera (f)	медсестра	medsestra
médico (m) personal	жекелик доктур	dʒekelik doktur
dentista (m)	тиш доктур	tiʃ doktur
oftalmólogo (m)	көз доктур	køz doktur
internista (m)	терапевт	terapevt
cirujano (m)	хирург	χirurg
psiquiatra (m)	психиатр	psiχiatr
pediatra (m)	педиатр	pediatr
psicólogo (m)	психолог	psiχolog
ginecólogo (m)	гинеколог	ginekolog
cardiólogo (m)	кардиолог	kardiolog

52. La medicina. Las drogas. Los accesorios

medicamento (m), droga (f)	дары-дармек	darı-darmek
remedio (m)	дары	darı
prescribir (vt)	жазып берүү	dʒazıp beryy
receta (f)	рецепт	retsept
tableta (f)	таблетка	tabletka
ungüento (m)	май	maj
ampolla (f)	ампула	ampula
mixtura (f), mezcla (f)	аралашма	aralaʃma
sirope (m)	сироп	sirop
píldora (f)	пилюля	pilʉlʲa
polvo (m)	күкүм	kykym
venda (f)	бинт	bint
algodón (m) (discos de ~)	пахта	paχta
yodo (m)	йод	jod
tirita (f), curita (f)	лейкопластырь	lejkoplastırʲ
pipeta (f)	дары тамызгыч	darı tamızgıtʃ
termómetro (m)	градусник	gradusnik
jeringa (f)	шприц	ʃprits
silla (f) de ruedas	майып арабасы	majıp arabası
muletas (f pl)	колтук таяк	koltuk tajak

anestésico (m)	оору сездирбөөчү дары	ooru sezdirbøøtʃy darı
purgante (m)	ич алдыруучу дары	itʃ aldıruutʃu darı
alcohol (m)	спирт	spirt
hierba (f) medicinal	дары чептер	darı tʃøptør
de hierbas (té ~)	чөп чайы	tʃøp tʃajı

EL AMBIENTE HUMANO

La ciudad

53. La ciudad. La vida en la ciudad

ciudad (f)	шаар	ʃaar
capital (f)	борбор	borbor
aldea (f)	кыштак	kıʃtak
plano (m) de la ciudad	шаардын планы	ʃaardın planı
centro (m) de la ciudad	шаардын борбору	ʃaardın borboru
suburbio (m)	шаардын чет жакасы	ʃaardın tʃet dʒakası
suburbano (adj)	шаардын чет жакасындагы	ʃaardın tʃet dʒakasındagı
arrabal (m)	чет-жака	tʃet-dʒaka
afueras (f pl)	чет-жака	tʃet-dʒaka
barrio (m)	квартал	kvartal
zona (f) de viviendas	турак-жай кварталы	turak-dʒaj kvartalı
tráfico (m)	көчө кыймылы	køtʃø kıjmılı
semáforo (m)	светофор	svetofor
transporte (m) urbano	шаар транспорту	ʃaar transportu
cruce (m)	кесилиш	kesiliʃ
paso (m) de peatones	жөө жүрүүчүлөр жолу	dʒøø dʒyryytʃylør dʒolu
paso (m) subterráneo	жер астындагы жол	dʒer astındagı dʒol
cruzar (vt)	жолду өтүү	dʒoldu øtyy
peatón (m)	жөө жүрүүчү	dʒøø dʒyryytʃy
acera (f)	жанжол	dʒandʒol
puente (m)	көпүрө	køpyrø
muelle (m)	жээк жол	dʒeek dʒol
fuente (f)	фонтан	fontan
alameda (f)	аллея	alleja
parque (m)	сейил багы	sejil bagı
bulevar (m)	бульвар	bulʲvar
plaza (f)	аянт	ajant
avenida (f)	проспект	prospekt
calle (f)	көчө	køtʃø
callejón (m)	чолок көчө	tʃolok køtʃø
callejón (m) sin salida	туюк көчө	tujuk køtʃø
casa (f)	үй	yj
edificio (m)	имарат	imarat
rascacielos (m)	көк тиреген көп кабаттуу үй	køk tiregen køp kabattuu yj

fachada (f)	үйдүн алды	yjdyn aldı
techo (m)	чатыр	tʃatır
ventana (f)	тереze	tereze
arco (m)	түркүк	tyrkyk
columna (f)	мамы	mamı
esquina (f)	бурч	burtʃ

escaparate (f)	көрсөтмө айнек үкөк	kørsøtmø ajnek ykøk
letrero (m) (~ luminoso)	көрнөк	kørnøk
cartel (m)	афиша	afiʃa
cartel (m) publicitario	көрнөк-жарнак	kørnøk-dʒarnak
valla (f) publicitaria	жарнамалык такта	dʒarnamalık takta

basura (f)	таштанды	taʃtandı
cajón (m) de basura	таштанды челек	taʃtandı tʃelek
tirar basura	таштоо	taʃtoo
basurero (m)	таштанды үйүлгөн жер	taʃtandı yjylgøn dʒer

cabina (f) telefónica	телефон будкасы	telefon budkası
farola (f)	чырак мамы	tʃırak mamı
banco (m) (del parque)	отургуч	oturgutʃ

policía (m)	полиция кызматкери	politsija kızmatkeri
policía (f) (~ nacional)	полиция	politsija
mendigo (m)	кайырчы	kajırtʃı
persona (f) sin hogar	селсаяк	selsajak

54. Las instituciones urbanas

tienda (f)	дүкөн	dykøn
farmacia (f)	дарыкана	darıkana
óptica (f)	оптика	optika
centro (m) comercial	соода борбору	sooda borboru
supermercado (m)	супермаркет	supermarket

panadería (f)	нан дүкөнү	nan dykøny
panadero (m)	навайчы	navajtʃı
pastelería (f)	кондитердик дүкөн	konditerdik dykøn
tienda (f) de comestibles	азык-түлүк	azık-tylyk
carnicería (f)	эт дүкөнү	et dykøny

verdulería (f)	жашылча дүкөнү	dʒaʃıltʃa dykøny
mercado (m)	базар	bazar

cafetería (f)	кофекана	kofekana
restaurante (m)	ресторан	restoran
cervecería (f)	сыракана	sırakana
pizzería (f)	пиццерия	pitserija

peluquería (f)	чач тарач	tʃatʃ taratʃ
oficina (f) de correos	почта	potʃta
tintorería (f)	химиялык тазалоо	ximijalık tazaloo
estudio (m) fotográfico	фотоателье	fotoatelje
zapatería (f)	бут кийим дүкөнү	but kijim dykøny

librería (f)	китеп дүкөнү	kitep dykøny
tienda (f) deportiva	спорт буюмдар дүкөнү	sport bujumdar dykøny
arreglos (m pl) de ropa	кийим ондоочу жай	kijim ondootʃu dʒaj
alquiler (m) de ropa	кийимди ижарага берүү	kijimdi idʒaraga beryy
videoclub (m)	тасмаларды ижарага берүү	tasmalardı idʒaraga beryy
circo (m)	цирк	tsırk
zoo (m)	зоопарк	zoopark
cine (m)	кинотеатр	kinoteatr
museo (m)	музей	muzej
biblioteca (f)	китепкана	kitepkana
teatro (m)	театр	teatr
ópera (f)	опера	opera
club (m) nocturno	түнкү клуб	tynky klub
casino (m)	казино	kazino
mezquita (f)	мечит	metʃit
sinagoga (f)	синагога	sinagoga
catedral (f)	чоң чиркөө	tʃoŋ tʃirkøø
templo (m)	ибадаткана	ibadatkana
iglesia (f)	чиркөө	tʃirkøø
instituto (m)	коллеж	kolledʒ
universidad (f)	университет	universitet
escuela (f)	мектеп	mektep
prefectura (f)	префектура	prefektura
alcaldía (f)	мэрия	merija
hotel (m)	мейманкана	mejmankana
banco (m)	банк	bank
embajada (f)	элчилик	eltʃilik
agencia (f) de viajes	турагенттиги	turagenttigi
oficina (f) de información	маалымат бюросу	maalımat burosu
oficina (f) de cambio	алмаштыруу пункту	almaʃtıruu punktu
metro (m)	метро	metro
hospital (m)	оорукана	oorukana
gasolinera (f)	май куюучу станция	maj kujuutʃu stantsija
aparcamiento (m)	унаа токтоочу жай	unaa toktootʃu dʒaj

55. Los avisos

letrero (m) (~ luminoso)	көрнөк	kørnøk
cartel (m) (texto escrito)	жазуу	dʒazuu
pancarta (f)	көрнөк	kørnøk
signo (m) de dirección	көрсөткүч	kørsøtkytʃ
flecha (f) (signo)	жебе	dʒebe
advertencia (f)	эскертме	ekertme
aviso (m)	эскертүү белгиси	eskertyy belgisi

advertir (vt)	эскертүү	eskertyy
día (m) de descanso	дем алыш күн	dem alıʃ kyn
horario (m)	ырааттама	ıraattama
horario (m) de apertura	иш сааттары	iʃ saattarı
¡BIENVENIDOS!	КОШ КЕЛИҢИЗДЕР!	koʃ keliŋizder!
ENTRADA	КИРҮҮ	kiryy
SALIDA	ЧЫГУУ	tʃıguu
EMPUJAR	ӨЗҮҢҮЗДӨН ТҮРТҮҢҮЗ	øzyŋyzdøn tyrtyŋyz
TIRAR	ӨЗҮҢҮЗГӨ ТАРТЫҢЫЗ	øzyŋyzgø tartıŋız
ABIERTO	АЧЫК	atʃık
CERRADO	ЖАБЫК	dʒabık
MUJERES	АЙЫМДАР ҮЧҮН	ajımdar ytʃyn
HOMBRES	ЭРКЕКТЕР ҮЧҮН	erkekter ytʃyn
REBAJAS	АРЗАНДАТУУЛАР	arzandatuular
SALDOS	САТЫП ТҮГӨТҮҮ	satıp tygøtyy
NOVEDAD	СААМАЛЫК!	saamalık!
GRATIS	БЕКЕР	beker
¡ATENCIÓN!	КӨҢҮЛ БУРУҢУЗ!	køŋyl buruŋuz!
COMPLETO	ОРУН ЖОК	orun dʒok
RESERVADO	КАМДЫК БУЙРУТМАЛАГАН	kamdık bujrutmalagan
ADMINISTRACIÓN	АДМИНИСТРАЦИЯ	administratsija
SÓLO PERSONAL AUTORIZADO	ЖААМАТ ҮЧҮН ГАНА	dʒaamat ytʃyn gana
CUIDADO CON EL PERRO	КАБАНААК ИТ	kabanaak it
PROHIBIDO FUMAR	ТАМЕКИ ЧЕГҮҮГӨ БОЛБОЙТ!	tameki tʃegyygø bolbojt!
NO TOCAR	КОЛУҢАР МЕНЕН КАРМАБАГЫЛА!	koluŋar menen karmabagıla!
PELIGROSO	КООПТУУ	kooptuu
PELIGRO	КОРКУНУЧ	korkunutʃ
ALTA TENSIÓN	ЖОГОРКУ ЧЫҢАЛУУ	dʒogorku tʃıŋaluu
PROHIBIDO BAÑARSE	СУУГА ТҮШҮҮГӨ БОЛБОЙТ	suuga tyʃyygø bolbojt
NO FUNCIONA	ИШТЕБЕЙТ	iʃtebejt
INFLAMABLE	ӨРТ ЧЫГУУ КОРКУНУЧУ	ørt tʃıguu korkunutʃu
PROHIBIDO	ТЫЮУ САЛЫНГАН	tıjuu salıngan
PROHIBIDO EL PASO	ӨТҮҮГӨ БОЛБОЙТ	øtyygø bolbojt
RECIÉN PINTADO	СЫРДАЛГАН	sırdalgan

56. El transporte urbano

autobús (m)	автобус	avtobus
tranvía (m)	трамвай	tramvaj
trolebús (m)	троллейбус	trollejbus

Spanish	Kyrgyz (Cyrillic)	Kyrgyz (Latin)
itinerario (m)	каттам	kattam
número (m)	номер	nomer
ir en ...	... жүрүү	... dʒyryy
tomar (~ el autobús)	... отуруу	... oturuu
bajar (~ del tren)	... түшүп калуу	... tyʃyp kaluu
parada (f)	аялдама	ajaldama
próxima parada (f)	кийинки аялдама	kijinki ajaldama
parada (f) final	акыркы аялдама	akırkı ajaldama
horario (m)	ырааттама	ıraattama
esperar (aguardar)	күтүү	kytyy
billete (m)	билет	bilet
precio (m) del billete	билеттин баасы	bilettin baası
cajero (m)	кассир	kassir
control (m) de billetes	текшерүү	tekʃeryy
cobrador (m)	текшерүүчү	tekʃeryytʃy
llegar tarde (vi)	кечигүү	ketʃigyy
perder (~ el tren)	кечигип калуу	ketʃigip kaluu
tener prisa	шашуу	ʃaʃuu
taxi (m)	такси	taksi
taxista (m)	такси айдоочу	taksi ajdootʃu
en taxi	таксиде	takside
parada (f) de taxi	такси токтоочу жай	taksi toktootʃu dʒaj
llamar un taxi	такси чакыруу	taksi tʃakıruu
tomar un taxi	такси кармоо	taksi karmoo
tráfico (m)	көчө кыймылы	køtʃø kıjmılı
atasco (m)	тыгын	tıgın
horas (f pl) de punta	кызуу маал	kızuu maal
aparcar (vi)	токтотуу	toktotuu
aparcar (vt)	машинаны жайлаштыруу	maʃinanı dʒajlaʃtıruu
aparcamiento (m)	унаа токтоочу жай	unaa toktootʃu dʒaj
metro (m)	метро	metro
estación (f)	бекет	beket
ir en el metro	метродо жүрүү	metrodo dʒyryy
tren (m)	поезд	poezd
estación (f)	вокзал	vokzal

57. La exploración del paisaje

Spanish	Kyrgyz (Cyrillic)	Kyrgyz (Latin)
monumento (m)	эстелик	estelik
fortaleza (f)	чеп	tʃep
palacio (m)	сарай	saraj
castillo (m)	сепил	sepil
torre (f)	мунара	munara
mausoleo (m)	күмбөз	kymbøz
arquitectura (f)	архитектура	arχitektura
medieval (adj)	орто кылымдык	orto kılımdık

antiguo (adj)	байыркы	bajırkı
nacional (adj)	улуттук	uluttuk
conocido (adj)	таанымал	taanımal

turista (m)	турист	turist
guía (m) (persona)	гид	gid
excursión (f)	экскурсия	ekskursija
mostrar (vt)	көрсөтүү	kørsøtyy
contar (una historia)	айтып берүү	ajtıp beryy

encontrar (hallar)	табуу	tabuu
perderse (vr)	адашып кетүү	adaʃıp ketyy
plano (m) (~ de metro)	схема	sxema
mapa (m) (~ de la ciudad)	план	plan

recuerdo (m)	асембелек	asembelek
tienda (f) de regalos	асембелек дүкөнү	asembelek dykøny
hacer fotos	сүрөткө тартуу	syrøtkø tartuu
fotografiarse (vr)	сүрөткө түшүү	syrøtkø tyʃyy

58. Las compras

comprar (vt)	сатып алуу	satıp aluu
compra (f)	сатып алуу	satıp aluu
hacer compras	сатып алууга чыгуу	satıp aluuga tʃıguu
compras (f pl)	базарчылоо	bazartʃıloo

estar abierto (tienda)	иштөө	iʃtøø
estar cerrado	жабылуу	dʒabıluu

calzado (m)	бут кийим	but kijim
ropa (f), vestido (m)	кийим-кече	kijim-ketʃe
cosméticos (m pl)	упа-эндик	upa-endik
productos alimenticios	азык-түлүк	azık-tylyk
regalo (m)	белек	belek

vendedor (m)	сатуучу	satuutʃu
vendedora (f)	сатуучу кыз	satuutʃu kız

caja (f)	касса	kassa
espejo (m)	күзгү	kyzgy
mostrador (m)	прилавок	prilavok
probador (m)	кийим ченөөчү бөлмө	kijim tʃenøøtʃy bølmø

probar (un vestido)	кийим ченөө	kijim tʃenøø
quedar (una ropa, etc.)	ылайык келүү	ılajık kelyy
gustar (vi)	жактыруу	dʒaktıruu

precio (m)	баа	baa
etiqueta (f) de precio	баа	baa
costar (vt)	туруу	turuu
¿Cuánto?	Канча?	kantʃa?
descuento (m)	арзандатуу	arzandatuu
no costoso (adj)	кымбат эмес	kımbat emes

barato (adj)	арзан	arzan
caro (adj)	кымбат	kımbat
Es caro	Бул кымбат	bul kımbat

alquiler (m)	ижара	idʒara
alquilar (vt)	ижарага алуу	idʒaraga aluu
crédito (m)	насыя	nasıja
a crédito (adv)	насыяга алуу	nasıjaga aluu

59. El dinero

dinero (m)	акча	aktʃa
cambio (m)	алмаштыруу	almaʃtıruu
curso (m)	курс	kurs
cajero (m) automático	банкомат	bankomat
moneda (f)	тыйын	tıjın

| dólar (m) | доллар | dollar |
| euro (m) | евро | evro |

lira (f)	италиялык лира	italijalık lira
marco (m) alemán	немис маркасы	nemis markası
franco (m)	франк	frank
libra esterlina (f)	фунт стерлинг	funt sterling
yen (m)	йена	jena

deuda (f)	карыз	karız
deudor (m)	карыздар	karızdar
prestar (vt)	карызга берүү	karızga beryy
tomar prestado	карызга алуу	karızga aluu

banco (m)	банк	bank
cuenta (f)	эсеп	esep
ingresar (~ en la cuenta)	салуу	saluu
ingresar en la cuenta	эсепке акча салуу	esepke aktʃa saluu
sacar de la cuenta	эсептен акча чыгаруу	esepten aktʃa tʃıgaruu

tarjeta (f) de crédito	насыя картасы	nasıja kartası
dinero (m) en efectivo	накталай акча	naktalaj aktʃa
cheque (m)	чек	tʃek
sacar un cheque	чек жазып берүү	tʃek dʒazıp beryy
talonario (m)	чек китепчеси	tʃek kiteptʃesi

cartera (f)	намыян	namıjan
monedero (m)	капчык	kaptʃık
caja (f) fuerte	сейф	sejf

heredero (m)	мураскер	murasker
herencia (f)	мурас	muras
fortuna (f)	мүлк	mylk

arriendo (m)	ижара	idʒara
alquiler (m) (dinero)	батир акысы	batir akısı
alquilar (~ una casa)	батирге алуу	batirge aluu

precio (m)	баа	baa
coste (m)	баа	baa
suma (f)	сумма	summa

gastar (vt)	коротуу	korotuu
gastos (m pl)	чыгым	tʃıgım
economizar (vi, vt)	үнөмдөө	ynømdøø
económico (adj)	сарамжал	saramdʒal

pagar (vi, vt)	төлөө	tøløø
pago (m)	акы төлөө	akı tøløø
cambio (m) (devolver el ~)	кайтарылган майда акча	kajtarılgan majda aktʃa

impuesto (m)	салык	salık
multa (f)	айып	ajıp
multar (vt)	айып пул салуу	ajıp pul saluu

60. La oficina de correos

oficina (f) de correos	почта	potʃta
correo (m) (cartas, etc.)	почта	potʃta
cartero (m)	кат ташуучу	kat taʃuutʃu
horario (m) de apertura	иш сааттары	iʃ saattarı

carta (f)	кат	kat
carta (f) certificada	тапшырык кат	tapʃırık kat
tarjeta (f) postal	открытка	otkrıtka
telegrama (m)	телеграмма	telegramma
paquete (m) postal	посылка	posılka
giro (m) postal	акча которуу	aktʃa kotoruu

recibir (vt)	алуу	aluu
enviar (vt)	жөнөтүү	dʒønøtyy
envío (m)	жөнөтүү	dʒønøtyy

dirección (f)	дарек	darek
código (m) postal	индекс	indeks
expedidor (m)	жөнөтүүчү	dʒønøtyytʃy
destinatario (m)	алуучу	aluutʃu

nombre (m)	аты	atı
apellido (m)	фамилиясы	familijası

tarifa (f)	тариф	tarif
ordinario (adj)	жөнөкөй	dʒønøkøj
económico (adj)	үнөмдүү	ynømdyy

peso (m)	салмак	salmak
pesar (~ una carta)	таразалоо	tarazaloo
sobre (m)	конверт	konvert
sello (m)	марка	marka
poner un sello	марка жабыштыруу	marka dʒabıʃtıruu

La vivienda. La casa. El hogar

61. La casa. La electricidad

electricidad (f)	электр кубаты	elektr kubatı
bombilla (f)	чырак	tʃırak
interruptor (m)	өчүргүч	øtʃyrgytʃ
fusible (m)	эриме сактагыч	erime saktagıtʃ
hilo (m) (~ eléctrico)	зым	zım
instalación (f) eléctrica	электр зымы	elektr zımı
contador (m) de luz	электр эсептегич	elektr eseptegitʃ
lectura (f) (~ del contador)	көрсөтүү ченем	kørsøtyy tʃenem

62. La villa. La mansión

casa (f) de campo	шаар четиндеги үй	ʃaar tʃetindegi yj
villa (f)	вилла	villa
ala (f)	канат	kanat
jardín (m)	бакча	baktʃa
parque (m)	сейил багы	sejil bagı
invernadero (m) tropical	күнөскана	kynøskana
cuidar (~ el jardín, etc.)	кароо	karoo
piscina (f)	бассейн	bassejn
gimnasio (m)	машыгуу залы	maʃiguu zalı
cancha (f) de tenis	теннис корту	tennis kortu
sala (f) de cine	кинотеатр	kinoteatr
garaje (m)	гараж	garadʒ
propiedad (f) privada	жеке менчик	dʒeke mentʃik
terreno (m) privado	жеке ээликте	dʒeke eelikte
advertencia (f)	эскертүү	eskertyy
letrero (m) de aviso	эскертүү белгиси	eskertyy belgisi
seguridad (f)	күзөт	kyzøt
guardia (m) de seguridad	кароолчу	karooltʃu
alarma (f) antirrobo	сигнализация	signalizatsija

63. El apartamento

apartamento (m)	батир	batir
habitación (f)	бөлмө	bølmø
dormitorio (m)	уктоочу бөлмө	uktootʃu bølmø

comedor (m)	ашкана	aʃkana
salón (m)	конок үйү	konok yjy
despacho (m)	иш бөлмөсү	iʃ bølmøsy
antecámara (f)	кире бериш	kire beriʃ
cuarto (m) de baño	ванная	vannaja
servicio (m)	даараткана	daaratkana
techo (m)	шып	ʃıp
suelo (m)	пол	pol
rincón (m)	бурч	burtʃ

64. Los muebles. El interior

muebles (m pl)	эмерек	emerek
mesa (f)	стол	stol
silla (f)	стул	stul
cama (f)	керебет	kerebet
sofá (m)	диван	divan
sillón (m)	олпок отургуч	olpok oturgutʃ
librería (f)	китеп шкафы	kitep ʃkafı
estante (m)	текче	tektʃe
armario (m)	шкаф	ʃkaf
percha (f)	кийим илгич	kijim ilgitʃ
perchero (m) de pie	кийим илгич	kijim ilgitʃ
cómoda (f)	комод	komod
mesa (f) de café	журнал столу	dʒurnal stolu
espejo (m)	күзгү	kyzgy
tapiz (m)	килем	kilem
alfombra (f)	килемче	kilemtʃe
chimenea (f)	очок	otʃok
candela (f)	шам	ʃam
candelero (m)	шамдал	ʃamdal
cortinas (f pl)	парда	parda
empapelado (m)	туш кагаз	tuʃ kagaz
estor (m) de láminas	жалюзи	dʒaldʒuzi
lámpara (f) de mesa	стол чырагы	stol tʃıragı
candil (m)	чырак	tʃırak
lámpara (f) de pie	торшер	torʃer
lámpara (f) de araña	асма шам	asma ʃam
pata (f) (~ de la mesa)	бут	but
brazo (m)	чыканак такооч	tʃıkanak takootʃ
espaldar (m)	жөлөнгүч	dʒøløngytʃ
cajón (m)	суурма	suurma

65. Los accesorios de la cama

ropa (f) de cama	шейшеп	ʃejʃep
almohada (f)	жаздык	dʒazdɪk
funda (f)	жаздык кап	dʒazdɪk kap
manta (f)	жууркан	dʒuurkan
sábana (f)	шейшеп	ʃejʃep
sobrecama (f)	жапкыч	dʒapkɪtʃ

66. La cocina

cocina (f)	ашкана	aʃkana
gas (m)	газ	gaz
cocina (f) de gas	газ плитасы	gaz plitasɪ
cocina (f) eléctrica	электр плитасы	elektr plitasɪ
horno (m)	духовка	duxovka
horno (m) microondas	микротолкун меши	mikrotolkun meʃi
frigorífico (m)	муздаткыч	muzdatkɪtʃ
congelador (m)	тоңдургуч	toŋdurgutʃ
lavavajillas (m)	идиш жуучу машина	idiʃ dʒuutʃu maʃina
picadora (f) de carne	эт туурагыч	et tuuragɪtʃ
exprimidor (m)	шире сыккыч	ʃire sɪkkɪtʃ
tostador (m)	тостер	toster
batidora (f)	миксер	mikser
cafetera (f) (aparato de cocina)	кофе кайнаткыч	kofe kajnatkɪtʃ
cafetera (f) (para servir)	кофе кайнатуучу идиш	kofe kajnatuutʃu idiʃ
molinillo (m) de café	кофе майдалагыч	kofe majdalagɪtʃ
hervidor (m) de agua	чайнек	tʃajnek
tetera (f)	чайнек	tʃajnek
tapa (f)	капкак	kapkak
colador (m) de té	чыпка	tʃɪpka
cuchara (f)	кашык	kaʃɪk
cucharilla (f)	чай кашык	tʃaj kaʃɪk
cuchara (f) de sopa	аш кашык	aʃ kaʃɪk
tenedor (m)	вилка	vilka
cuchillo (m)	бычак	bɪtʃak
vajilla (f)	идиш-аяк	idiʃ-ajak
plato (m)	табак	tabak
platillo (m)	табак	tabak
vaso (m) de chupito	рюмка	rʉmka
vaso (m) (~ de agua)	ыстакан	ɪstakan
taza (f)	чөйчөк	tʃøjtʃøk
azucarera (f)	кум шекер салгыч	kum ʃeker salgɪtʃ
salero (m)	туз салгыч	tuz salgɪtʃ

pimentero (m)	мурч салгыч	murtʃ salgıtʃ
mantequera (f)	май салгыч	maj salgıtʃ
cacerola (f)	мискей	miskej
sartén (f)	табак	tabak
cucharón (m)	чөмүч	tʃømytʃ
colador (m)	депкир	depkir
bandeja (f)	батыныс	batınıs
botella (f)	бөтөлкө	bøtølkø
tarro (m) de vidrio	банка	banka
lata (f) de hojalata	банка	banka
abrebotellas (m)	ачкыч	atʃkıtʃ
abrelatas (m)	ачкыч	atʃkıtʃ
sacacorchos (m)	штопор	ʃtopor
filtro (m)	чыпка	tʃıpka
filtrar (vt)	чыпкалоо	tʃıpkaloo
basura (f)	таштанды	taʃtandı
cubo (m) de basura	таштанды чака	taʃtandı tʃaka

67. El baño

cuarto (m) de baño	ванная	vannaja
agua (f)	суу	suu
grifo (m)	чорго	tʃorgo
agua (f) caliente	ысык суу	ısık suu
agua (f) fría	муздак суу	muzdak suu
pasta (f) de dientes	тиш пастасы	tiʃ pastası
limpiarse los dientes	тиш жуу	tiʃ dʒuu
cepillo (m) de dientes	тиш щёткасы	tiʃ ʃtʃotkası
afeitarse (vr)	кырынуу	kırınuu
espuma (f) de afeitar	кырынуу үчүн көбүк	kırınuu ytʃyn købyk
maquinilla (f) de afeitar	устара	ustara
lavar (vt)	жуу	dʒuu
darse un baño	жуунуу	dʒuunuu
ducha (f)	душ	duʃ
darse una ducha	душка түшүү	duʃka tyʃyy
baño (m)	ванна	vanna
inodoro (m)	унитаз	unitaz
lavabo (m)	раковина	rakovina
jabón (m)	самын	samın
jabonera (f)	самын салгыч	samın salgıtʃ
esponja (f)	губка	gubka
champú (m)	шампунь	ʃampunʲ
toalla (f)	сүлгү	sylgy
bata (f) de baño	халат	χalat

colada (f), lavado (m)	кир жуу	kir dʒuu
lavadora (f)	кир жуучу машина	kir dʒuutʃu maʃina
lavar la ropa	кир жуу	kir dʒuu
detergente (m) en polvo	кир жуучу порошок	kir dʒuutʃu poroʃok

68. Los aparatos domésticos

televisor (m)	сыналгы	sınalgı
magnetófono (m)	магнитофон	magnitofon
vídeo (m)	видеомагнитофон	videomagnitofon
radio (f)	үналгы	ynalgı
reproductor (m) (~ MP3)	плеер	pleer

proyector (m) de vídeo	видеопроектор	videoproektor
sistema (m) home cinema	үй кинотеатры	yj kinoteatrı
reproductor (m) de DVD	DVD ойноткуч	dividi ojnotkutʃ
amplificador (m)	күчөткүч	kytʃøtkytʃ
videoconsola (f)	оюн приставкасы	ojun pristavkası

cámara (f) de vídeo	видеокамера	videokamera
cámara (f) fotográfica	фотоаппарат	fotoapparat
cámara (f) digital	санарип камерасы	sanarip kamerası

aspirador (m)	чаң соргуч	tʃaŋ sorgutʃ
plancha (f)	үтүк	ytyk
tabla (f) de planchar	үтүктөөчү тактай	ytyktøøtʃy taktaj

teléfono (m)	телефон	telefon
teléfono (m) móvil	мобилдик	mobildik
máquina (f) de escribir	машинка	maʃinka
máquina (f) de coser	кийим тигүүчү машинка	kijim tigyytʃy maʃinka

micrófono (m)	микрофон	mikrofon
auriculares (m pl)	кулакчын	kulaktʃın
mando (m) a distancia	пульт	pulʲt

CD (m)	CD, компакт-диск	sidi, kompakt-disk
casete (m)	кассета	kasseta
disco (m) de vinilo	пластинка	plastinka

LAS ACTIVIDADES DE LA GENTE

El trabajo. Los negocios. Unidad 1

69. La oficina. El trabajo de oficina

oficina (f)	офис	ofis
despacho (m)	кабинет	kabinet
recepción (f)	кабыл алуу катчысы	kabıl aluu kattʃısı
secretario (m)	катчы	kattʃı
secretaria (f)	катчы аял	kattʃı ajal
director (m)	директор	direktor
manager (m)	башкаруучу	baʃkaruutʃu
contable (m)	бухгалтер	buχgalter
colaborador (m)	кызматкер	kızmatker
muebles (m pl)	эмерек	emerek
escritorio (m)	стол	stol
silla (f)	кресло	kreslo
cajonera (f)	үкөк	ykøk
perchero (m) de pie	кийим илгич	kijim ilgitʃ
ordenador (m)	компьютер	kompjʉter
impresora (f)	принтер	printer
fax (m)	факс	faks
fotocopiadora (f)	көчүрүүчү аппарат	køtʃyryytʃy apparat
papel (m)	кагаз	kagaz
papelería (f)	кеңсе буюмдары	keŋse bujʉmdarı
alfombrilla (f) para ratón	килемче	kilemtʃe
hoja (f) de papel	баракча	baraktʃa
carpeta (f)	папка	papka
catálogo (m)	каталог	katalog
directorio (m) telefónico	абоненттердин тизмеси	abonentterdin tizmesi
documentación (f)	документтер	dokumentter
folleto (m)	китепче	kiteptʃe
prospecto (m)	баракча	baraktʃa
muestra (f)	үлгү	ylgy
reunión (f) de formación	окутуу	okutuu
reunión (f)	кеңеш	keŋeʃ
pausa (f) de almuerzo	түшкү танапис	tyʃky tanapis
hacer una copia	көчүрмө алуу	køtʃyrmø aluu
hacer copias	көбөйтүү	købøjtyy
recibir un fax	факс алуу	faks aluu
enviar un fax	факс жөнөтүү	faks dʒønøtyy

llamar por teléfono	чалуу	tʃaluu
responder (vi, vt)	жооп берүү	dʒoop beryy
poner en comunicación	байланыштыруу	bajlanıʃtıruu
fijar (~ una reunión)	уюштуруу	ujuʃturuu
demostrar (vt)	көрсөтүү	kørsøtyy
estar ausente	келбей калуу	kelbej kaluu
ausencia (f)	барбай калуу	barbaj kaluu

70. Los métodos de los negocios. Unidad 1

negocio (m), comercio (m)	иш	iʃ
ocupación (f)	жумуш	dʒumuʃ
firma (f)	фирма	firma
compañía (f)	компания	kompanija
corporación (f)	корпорация	korporatsija
empresa (f)	ишкана	iʃkana
agencia (f)	агенттик	agenttik
acuerdo (m)	келишим	keliʃim
contrato (m)	контракт	kontrakt
trato (m), acuerdo (m)	бүтүм	bytym
pedido (m)	буйрутма	bujrutma
condición (f) del contrato	шарт	ʃart
al por mayor (adv)	дүңү менен	dyŋy menen
al por mayor (adj)	дүңүнөн	dyŋynøn
venta (f) al por mayor	дүң соода	dyŋ sooda
al por menor (adj)	чекене	tʃekene
venta (f) al por menor	чекене соода	tʃekene sooda
competidor (m)	атаандаш	ataandaʃ
competencia (f)	атаандаштык	ataandaʃtık
competir (vi)	атаандашуу	ataandaʃuu
socio (m)	өнөктөш	ønøktøʃ
sociedad (f)	өнөктөштүк	ønøktøʃtyk
crisis (m)	каатчылык	kaattʃılık
bancarrota (f)	кудуретсиздик	kuduretsizdik
ir a la bancarrota	кудуретсиз калуу	kuduretsiz kaluu
dificultad (f)	кыйынчылык	kıjıntʃılık
problema (m)	көйгөй	køjgøj
catástrofe (f)	киши көрбөсүн	kiʃi kørbøsyn
economía (f)	экономика	ekonomika
económico (adj)	экономикалык	ekonomikalık
recesión (f) económica	экономикалык төмөндөө	ekonomikalık tømøndøø
meta (f)	максат	maksat
objetivo (m)	маселе	masele
comerciar (vi)	соодалашуу	soodalaʃuu
red (f) (~ comercial)	тармак	tarmak

existencias (f pl)	кампа	kampa
surtido (m)	ассортимент	assortiment
líder (m)	алдыңкы катардагы	aldıŋkı katardagı
grande (empresa ~)	ири	iri
monopolio (m)	монополия	monopolija
teoría (f)	теория	teorija
práctica (f)	тажрыйба	tadʒrıjba
experiencia (f)	тажрыйба	tadʒrıjba
tendencia (f)	умтулуу	umtuluu
desarrollo (m)	өнүгүү	ønygyy

71. Los métodos de los negocios. Unidad 2

rentabilidad (f)	пайда	pajda
rentable (adj)	майнаптуу	majnaptuu
delegación (f)	делегация	delegatsija
salario (m)	кызмат акы	kızmat akı
corregir (un error)	түзөтүү	tyzøtyy
viaje (m) de negocios	иш сапар	iʃ sapar
comisión (f)	комиссия	komissija
controlar (vt)	башкаруу	baʃkaruu
conferencia (f)	иш жыйын	iʃ dʒıjın
licencia (f)	лицензия	litsenzija
fiable (socio ~)	ишеничтүү	iʃenitʃtyy
iniciativa (f)	демилге	demilge
norma (f)	стандарт	standart
circunstancia (f)	жагдай	dʒagdaj
deber (m)	милдет	mildet
empresa (f)	уюм	ujʉm
organización (f) (proceso)	уюштуруу	ujʉʃturuu
organizado (adj)	уюштурулган	ujʉʃturulgan
anulación (f)	токтотуу	toktotuu
anular (vt)	жокко чыгаруу	dʒokko tʃıgaruu
informe (m)	отчет	ottʃet
patente (m)	патент	patent
patentar (vt)	патенттөө	patentøø
planear (vt)	пландаштыруу	plandaʃtıruu
premio (m)	сыйлык	sıjlık
profesional (adj)	кесипкөй	kesipkøj
procedimiento (m)	тартип	tartip
examinar (vt)	карап чыгуу	karap tʃıguu
cálculo (m)	эсеп-кысап	esep-kısap
reputación (f)	аброй	abroj
riesgo (m)	тобокел	tobokel
dirigir (administrar)	башкаруу	baʃkaruu

información (f)	маалымат	maalımat
propiedad (f)	менчик	mentʃik
unión (f)	бирикме	birikme

seguro (m) de vida	жашоону камсыздандыруу	dʒaʃoonu kamsızdandıruu
asegurar (vt)	камсыздандыруу	kamsızdandıruu
seguro (m)	камсыздандыруу	kamsızdandıruu

subasta (f)	тоорук	tooruk
notificar (informar)	билдирүү	bildiryy
gestión (f)	башкаруу	baʃkaruu
servicio (m)	кызмат	kızmat

foro (m)	форум	forum
funcionar (vi)	иш-милдетти аткаруу	iʃ-mildetti atkaruu
etapa (f)	кадам	kadam
jurídico (servicios ~s)	укуктуу	ukuktuu
jurista (m)	юрист	jʉrist

72. La producción. Los trabajos

planta (f)	завод	zavod
fábrica (f)	фабрика	fabrika
taller (m)	цех	tsex
planta (f) de producción	өндүрүш	øndyryʃ

industria (f)	өнөр-жай	ønør-dʒaj
industrial (adj)	өнөр-жай	ønør-dʒaj
industria (f) pesada	оор өнөр-жай	oor ønør-dʒaj
industria (f) ligera	жеңил өнөр-жай	dʒeɲil ønør-dʒaj

producción (f)	өндүрүм	øndyrym
producir (vt)	өндүрүү	øndyryy
materias (f pl) primas	чийки зат	tʃijki zat

jefe (m) de brigada	бригадир	brigadir
brigada (f)	бригада	brigada
obrero (m)	жумушчу	dʒumuʃtʃu

día (m) de trabajo	иш күнү	iʃ kyny
descanso (m)	тыныгуу	tınıguu
reunión (f)	чогулуш	tʃoguluʃ
discutir (vt)	талкуулоо	talkuuloo

plan (m)	план	plan
cumplir el plan	планды аткаруу	plandı atkaruu
tasa (f) de producción	иштеп чыгаруу коюму	iʃtep tʃıgaruu kojʉmu
calidad (f)	сапат	sapat
revisión (f)	текшерүү	tekʃeryy
control (m) de calidad	сапат текшерүү	sapat tekʃeryy

| seguridad (f) de trabajo | эмгек коопсуздугу | emgek koopsuzdugu |
| disciplina (f) | тартип | tartip |

infracción (f)	бузуу	buzuu
violar (las reglas)	бузуу	buzuu

huelga (f)	ишти калтыруу	iʃti kaltıruu
huelguista (m)	иш калтыргыч	iʃ kaltırgıtʃ
estar en huelga	ишти калтыруу	iʃti kaltıruu
sindicato (m)	профсоюз	profsojʉz

inventar (máquina, etc.)	ойлоп табуу	ojlop tabuu
invención (f)	ойлоп табылган нерсе	ojlop tabılgan nerse
investigación (f)	изилдөө	izildøø
mejorar (vt)	жакшыртуу	dʒakʃırtuu
tecnología (f)	технология	teχnologija
dibujo (m) técnico	чийме	tʃijme

cargamento (m)	жүк	dʒyk
cargador (m)	жүк ташуучу	dʒyk taʃuutʃu
cargar (camión, etc.)	жүктөө	dʒyktøø
carga (f) (proceso)	жүктөө	dʒyktøø
descargar (vt)	жүк түшүрүү	dʒyk tyʃuryy
descarga (f)	жүк түшүрүү	dʒyk tyʃyryy

transporte (m)	транспорт	transport
compañía (f) de transporte	транспорттук компания	transporttuk kompanija
transportar (vt)	транспорт менен ташуу	transport menen taʃuu

vagón (m)	вагон	vagon
cisterna (f)	цистерна	tsısterna
camión (m)	жүк ташуучу машина	dʒyk taʃuutʃu maʃina

máquina (f) herramienta	станок	stanok
mecanismo (m)	механизм	meχanizm

desperdicios (m pl)	таштандылар	taʃtandılar
empaquetado (m)	таңгактоо	taŋgaktoo
embalar (vt)	таңгактоо	taŋgaktoo

73. El contrato. El acuerdo

contrato (m)	контракт	kontrakt
acuerdo (m)	макулдашуу	makuldaʃuu
anexo (m)	тиркеме	tirkeme

firmar un contrato	контракт түзүү	kontrakt tyzyy
firma (f) (nombre)	кол тамга	kol tamga
firmar (vt)	кол коюу	kol kojʉu
sello (m)	мөөр	møør

objeto (m) del acuerdo	келишимдин предмети	keliʃimdin predmeti
cláusula (f)	пункт	punkt
partes (f pl)	тараптар	taraptar
domicilio (m) legal	юридикалык дарек	jʉridikalık darek
violar el contrato	контрактты бузуу	kontraktı buzuu
obligación (f)	милдеттенме	mildettenme

responsabilidad (f)	жоопкерчилик	dʒoopkertʃilik
fuerza mayor (f)	форс-мажор	fors-madʒor
disputa (f)	талаш	talaʃ
penalidades (f pl)	жаза чаралары	dʒaza tʃaraları

74. Importación y Exportación

importación (f)	импорт	import
importador (m)	импорттоочу	importtootʃu
importar (vt)	импорттоо	importtoo
de importación (adj)	импорт	import
exportación (f)	экспорт	eksport
exportador (m)	экспорттоочу	eksporttootʃu
exportar (vt)	экспорттоо	eksporttoo
de exportación (adj)	экспорт	eksport
mercancía (f)	товар	tovar
lote (m) de mercancías	жүк тобу	dʒyk tobu
peso (m)	салмак	salmak
volumen (m)	көлөм	køløm
metro (m) cúbico	куб метр	kub metr
productor (m)	өндүрүүчү	øndyryytʃy
compañía (f) de transporte	транспорттук компания	transporttuk kompanija
contenedor (m)	контейнер	kontejner
frontera (f)	чек ара	tʃek ara
aduana (f)	бажыкана	badʒıkana
derechos (m pl) arancelarios	бажы салык	badʒı salık
aduanero (m)	бажы кызматкери	badʒı kızmatkeri
contrabandismo (m)	контрабанда	kontrabanda
contrabando (m)	контрабанда	kontrabanda

75. Las finanzas

acción (f)	акция	aktsija
bono (m), obligación (f)	баалуу кагаздар	baaluu kagazdar
letra (f) de cambio	вексель	vekselʲ
bolsa (f)	биржа	birdʒa
cotización (f) de valores	акциялар курсу	aktsijalar kursu
abaratarse (vr)	арзандоо	arzandoo
encarecerse (vr)	кымбаттоо	kımbattoo
parte (f)	үлүш	ylyʃ
interés (m) mayoritario	башкаруучу пакет	baʃkaruutʃu paket
inversiones (f pl)	салым	salım
invertir (vi, vt)	салым кылуу	salım kıluu

| porcentaje (m) | пайыз | pajız |
| interés (m) | пайыз менен пайда | pajız menen pajda |

beneficio (m)	пайда	pajda
beneficioso (adj)	майнаптуу	majnaptuu
impuesto (m)	салык	salık

divisa (f)	валюта	valʉta
nacional (adj)	улуттук	uluttuk
cambio (m)	алмаштыруу	almaʃtıruu

| contable (m) | бухгалтер | buχgalter |
| contaduría (f) | бухгалтерия | buχgalterija |

bancarrota (f)	кудуретсиздик	kuduretsizdik
quiebra (f)	кыйроо	kıjroo
ruina (f)	жакырдануу	dʒakırdanuu
arruinarse (vr)	жакырдануу	dʒakırdanuu
inflación (f)	инфляция	inflʲatsija
devaluación (f)	девальвация	devalʲvatsija

capital (m)	капитал	kapital
ingresos (m pl)	киреше	kireʃe
volumen (m) de negocio	жүгүртүлүш	dʒygyrtylyʃ
recursos (m pl)	такоолдор	takooldor
recursos (m pl) monetarios	акча каражаттары	aktʃa karadʒattarı

| gastos (m pl) accesorios | кошумча чыгашалар | koʃumtʃa tʃıgaʃalar |
| reducir (vt) | кыскартуу | kıskartuu |

76. La mercadotecnia

mercadotecnia (f)	базар таануу	bazar taanuu
mercado (m)	базар	bazar
segmento (m) del mercado	базар сегменти	bazar segmenti
producto (m)	өнүм	ønym
mercancía (f)	товар	tovar

marca (f)	соода маркасы	sooda markası
marca (f) comercial	соода маркасы	sooda markası
logotipo (m)	фирмалык белги	firmalık belgi
logo (m)	логотип	logotip
demanda (f)	талап	talap
oferta (f)	сунуш	sunuʃ
necesidad (f)	керек	kerek
consumidor (m)	керектөөчү	kerektøøtʃy

análisis (m)	талдоо	taldoo
analizar (vt)	талдоо	taldoo
posicionamiento (m)	турак табуу	turak tabuu
posicionar (vt)	турак табуу	turak tabuu
precio (m)	баа	baa
política (f) de precios	баа саясаты	baa sajasatı
formación (m) de precios	баа чыгаруу	baa tʃıgaruu

77. La publicidad

publicidad (f)	жарнама	dʒarnama
publicitar (vt)	жарнамалоо	dʒarnamaloo
presupuesto (m)	бюджет	bʉdʒet
anuncio (m) publicitario	жарнама	dʒarnama
publicidad (f) televisiva	теле жарнама	tele dʒarnama
publicidad (f) radiofónica	радио жарнама	radio dʒarnama
publicidad (f) exterior	сырткы жарнама	sırtkı dʒarnama
medios (m pl) de comunicación de masas	масс медия	mass medija
periódico (m)	мезгилдүү басылма	mezgildyy basılma
imagen (f)	имидж	imidʒ
consigna (f)	лозунг	lozung
divisa (f)	ураан	uraan
campaña (f)	кампания	kampanija
campaña (f) publicitaria	жарнамалык кампания	dʒarnamalık kampanija
auditorio (m) objetivo	максаттуу топ	maksattuu top
tarjeta (f) de visita	таанытма	taanıtma
prospecto (m)	баракча	baraktʃa
folleto (m)	китепче	kiteptʃe
panfleto (m)	кат-кат китепче	kat-kat kiteptʃe
boletín (m)	бюллетень	bʉlletenʲ
letrero (m) (~ luminoso)	көрнөк	kørnøk
pancarta (f)	көрнөк	kørnøk
valla (f) publicitaria	жарнамалык такта	dʒarnamalık takta

78. La banca

banco (m)	банк	bank
sucursal (f)	бөлүм	bølym
asesor (m) (~ fiscal)	кеңешчи	keŋeʃtʃi
gerente (m)	башкаруучу	baʃkaruutʃu
cuenta (f)	эсеп	esep
numero (m) de la cuenta	эсеп номери	esep nomeri
cuenta (f) corriente	учурдагы эсеп	utʃurdagı esep
cuenta (f) de ahorros	топтолмо эсеп	toptolmo esep
abrir una cuenta	эсеп ачуу	esep atʃuu
cerrar la cuenta	эсеп жабуу	esep dʒabuu
ingresar en la cuenta	эсепке акча салуу	esepke aktʃa saluu
sacar de la cuenta	эсептен акча чыгаруу	esepten aktʃa tʃıgaruu
depósito (m)	аманат	amanat
hacer un depósito	аманат кылуу	amanat kıluu

giro (m) bancario	акча которуу	aktʃa kotoruu
hacer un giro	акча которуу	aktʃa kotoruu
suma (f)	сумма	summa
¿Cuánto?	Канча?	kantʃa?
firma (f) (nombre)	кол тамга	kol tamga
firmar (vt)	кол коюу	kol kojʉu
tarjeta (f) de crédito	насыя картасы	nasıja kartası
código (m)	код	kod
número (m) de tarjeta de crédito	насыя картанын номери	nasıja kartanın nomeri
cajero (m) automático	банкомат	bankomat
cheque (m)	чек	tʃek
sacar un cheque	чек жазып берүү	tʃek dʒazıp beryy
talonario (m)	чек китепчеси	tʃek kiteptʃesi
crédito (m)	насыя	nasıja
pedir el crédito	насыя үчүн кайрылуу	nasıja ytʃyn kajrıluu
obtener un crédito	насыя алуу	nasıja aluu
conceder un crédito	насыя берүү	nasıja beryy
garantía (f)	кепилдик	kepildik

79. El teléfono. Las conversaciones telefónicas

teléfono (m)	телефон	telefon
teléfono (m) móvil	мобилдик	mobildik
contestador (m)	автоматтык жооп берүүчү	avtomattık dʒoop beryytʃy
llamar, telefonear	чалуу	tʃaluu
llamada (f)	чакыруу	tʃakıruu
marcar un número	номер терүү	nomer teryy
¿Sí?, ¿Dígame?	Алло!	allo!
preguntar (vt)	суроо	suroo
responder (vi, vt)	жооп берүү	dʒoop beryy
oír (vt)	угуу	uguu
bien (adv)	жакшы	dʒakʃı
mal (adv)	жаман	dʒaman
ruidos (m pl)	ызы-чуу	ızı-tʃuu
auricular (m)	трубка	trubka
descolgar (el teléfono)	трубканы алуу	trubkanı aluu
colgar el auricular	трубканы коюу	trubkanı kojʉu
ocupado (adj)	бош эмес	boʃ emes
sonar (teléfono)	шыңгыроо	ʃıŋgıroo
guía (f) de teléfonos	телефондук китепче	telefonduk kiteptʃe
local (adj)	жергиликтүү	dʒergiliktyy
llamada (f) local	жергиликтүү чакыруу	dʒergiliktyy tʃakıruu

de larga distancia	шаар аралык	ʃaar aralık
llamada (f) de larga distancia	шаар аралык чакыруу	ʃaar aralık tʃakıruu
internacional (adj)	эл аралык	el aralık
llamada (f) internacional	эл аралык чакыруу	el aralık tʃakıruu

80. El teléfono celular

teléfono (m) móvil	мобилдик	mobildik
pantalla (f)	дисплей	displej
botón (m)	баскыч	baskıtʃ
tarjeta SIM (f)	SIM-карта	sim-karta
pila (f)	батарея	batareja
descargarse (vr)	зарядканын түгөнүүсү	zarʲadkanın tygønyysy
cargador (m)	заряддоочу шайман	zarʲaddootʃu ʃajman
menú (m)	меню	menʉ
preferencias (f pl)	орнотуулар	ornotuular
melodía (f)	обон	obon
seleccionar (vt)	тандоо	tandoo
calculadora (f)	калькулятор	kalʲkulʲator
contestador (m)	автоматтык жооп бергич	avtomattık dʒoop bergitʃ
despertador (m)	ойготкуч	ojgotkutʃ
contactos (m pl)	байланыштар	bajlanıʃtar
mensaje (m) de texto	SMS-кабар	esemes-kabar
abonado (m)	абонент	abonent

81. Los artículos de escritorio

bolígrafo (m)	калем сап	kalem sap
pluma (f) estilográfica	калем уч	kalem utʃ
lápiz (f)	карандаш	karandaʃ
marcador (m)	маркер	marker
rotulador (m)	фломастер	flomaster
bloc (m) de notas	дептерче	deptertʃe
agenda (f)	күндөлүк	kyndølyk
regla (f)	сызгыч	sızgıtʃ
calculadora (f)	калькулятор	kalʲkulʲator
goma (f) de borrar	өчүргүч	øtʃyrgytʃ
chincheta (f)	кнопка	knopka
clip (m)	кыскыч	kıskıtʃ
pegamento (m)	желим	dʒelim
grapadora (f)	степлер	stepler
perforador (m)	тешкич	teʃkitʃ
sacapuntas (m)	учтагыч	utʃtagıtʃ

82. Tipos de negocios

contabilidad (f)	бухгалтердик кызмат	buxgalterdik kızmat
publicidad (f)	жарнама	dʒarnama
agencia (f) de publicidad	жарнама агенттиги	dʒarnama agenttigi
climatizadores (m pl)	аба желдеткичтер	aba dʒeldetkitʃter
compañía (f) aérea	авиакомпания	aviakompanija
bebidas (f pl) alcohólicas	алкоголь ичимдиктери	alkogolʲ itʃimdikteri
antigüedad (f)	антиквариат	antikvariat
galería (f) de arte	арт-галерея	art-galereja
servicios (m pl) de auditoría	аудиторлук кызмат	auditorluk kızmat
negocio (m) bancario	банк бизнеси	bank biznesi
bar (m)	бар	bar
salón (m) de belleza	сулуулук салону	suluuluk salonu
librería (f)	китеп дүкөнү	kitep dykøny
fábrica (f) de cerveza	сыра чыгаруучу жай	sıra tʃɪgaruutʃu dʒaj
centro (m) de negocios	бизнес-борбор	biznes-borbor
escuela (f) de negocios	бизнес-мектеп	biznes-mektep
casino (m)	казино	kazino
construcción (f)	курулуш	kuruluʃ
consultoría (f)	консалтинг	konsalting
estomatología (f)	стоматология	stomatologija
diseño (m)	дизайн	dizajn
farmacia (f)	дарыкана	darıkana
tintorería (f)	химиялык тазалоо	ximijalık tazaloo
agencia (f) de empleo	кадрдык агенттиги	kadrdık agenttigi
servicios (m pl) financieros	каржылык кызматтар	kardʒılık kızmattar
productos alimenticios	азык-түлүк	azık-tylyk
funeraria (f)	ырасым бюросу	ırasım bʉrosu
muebles (m pl)	эмерек	emerek
ropa (f), vestido (m)	кийим	kijim
hotel (m)	мейманкана	mejmankana
helado (m)	бал муздак	bal muzdak
industria (f)	өнөр-жай	ønør-dʒaj
seguro (m)	камсыздандыруу	kamsızdandıruu
internet (m), red (f)	интернет	internet
inversiones (f pl)	салымдар	salımdar
joyero (m)	зергер	zerger
joyería (f)	зер буюмдар	zer bujʉmdar
lavandería (f)	кир жуу ишканасы	kir dʒuu iʃkanası
asesoría (f) jurídica	юридикалык кызматтар	jʉridikalık kızmattar
industria (f) ligera	жеңил өнөр-жай	dʒeɲil ønør-dʒaj
revista (f)	журнал	dʒurnal
venta (f) por catálogo	каталог боюнча соода-сатык	katalog bojʉntʃa sooda-satık
medicina (f)	медицина	meditsina
cine (m) (iremos al ~)	кинотеатр	kinoteatr

museo (m)	музей	muzej
agencia (f) de información	жаңылыктар агенттиги	dʒaŋılıktar agenttigi
periódico (m)	гезит	gezit
club (m) nocturno	түнкү клуб	tyŋky klub

petróleo (m)	мунайзат	munajzat
servicio (m) de entrega	чабармандык кызматы	tʃabarmandık kızmatı
industria (f) farmacéutica	фармацевтика	farmatsevtika
poligrafía (f)	полиграфия	poligrafija
editorial (f)	басмакана	basmakana

radio (f)	үналгы	ynalgı
inmueble (m)	кыймылсыз мүлк	kıjmılsız mylk
restaurante (m)	ресторан	restoran

agencia (f) de seguridad	күзөт агенттиги	kyzøt agenttigi
deporte (m)	спорт	sport
bolsa (f) de comercio	биржа	birdʒa
tienda (f)	дүкөн	dykøn
supermercado (m)	супермаркет	supermarket
piscina (f)	бассейн	bassejn

taller (m)	ателье	atelje
televisión (f)	телекөрсөтүү	telekørsøtyy
teatro (m)	театр	teatr
comercio (m)	соода	sooda
servicios de transporte	ташып жеткирүү	taʃıp dʒetkiryy
turismo (m)	туризм	turizm

veterinario (m)	мал доктуру	mal dokturu
almacén (m)	кампа	kampa
recojo (m) de basura	таштанды чыгаруу	taʃtandı tʃıgaruu

El trabajo. Los negocios. Unidad 2

83. El espectáculo. La exhibición

exposición, feria (f)	көргөзмө	körgözmö
feria (f) comercial	соода көргөзмөсү	sooda körgözmösy
participación (f)	катышуу	katıʃuu
participar (vi)	катышуу	katıʃuu
participante (m)	катышуучу	katıʃuutʃu
director (m)	директор	direktor
dirección (f)	уюштуруу комитети	ujɯʃturuu komiteti
organizador (m)	уюштуруучу	ujɯʃturuutʃu
organizar (vt)	уюштуруу	ujɯʃturuu
solicitud (f) de participación	катышууга ынта билдирмеси	katıʃuuga ınta bildirmesi
rellenar (vt)	толтуруу	tolturuu
detalles (m pl)	ийне-жиби	ijne-dʒibi
información (f)	маалымат	maalımat
precio (m)	баа	baa
incluso	кошуп	koʃup
incluir (vt)	кошулган	koʃulgan
pagar (vi, vt)	төлөө	tölöö
cuota (f) de registro	каттоо төгүмү	kattoo tögymy
entrada (f)	кирүү	kiryy
pabellón (m)	павильон	pavil'on
registrar (vt)	каттоо	kattoo
tarjeta (f) de identificación	төшбелги	töʃbelgi
stand (m)	көргөзмө стенди	körgözmö stendi
reservar (vt)	камдык буйрутмалоо	kamdık bujrutmaloo
vitrina (f)	айнек стенд	ajnek stend
lámpara (f)	чырак	tʃırak
diseño (m)	дизайн	dizajn
poner (colocar)	жайгаштыруу	dʒajgaʃtıruu
situarse (vr)	жайгашуу	dʒajgaʃuu
distribuidor (m)	дистрибьютор	distribjɯtor
proveedor (m)	жеткирип берүүчү	dʒetkirip beryytʃy
suministrar (vt)	жеткирип берүү	dʒetkirip beryy
país (m)	өлкө	ölkö
extranjero (adj)	чет өлкөлүк	tʃet ölkölyk
producto (m)	өнүм	önym
asociación (f)	ассоциация	assotsiatsija

sala (f) de conferencias	конференц-зал	konferents-zal
congreso (m)	конгресс	kongress
concurso (m)	жарыш	dʒarıʃ
visitante (m)	келүүчү	kelyytʃy
visitar (vt)	баш багуу	baʃ baguu
cliente (m)	кардар	kardar

84. La ciencia. La investigación. Los científicos

ciencia (f)	илим	ilim
científico (adj)	илимий	ilimij
científico (m)	илимпоз	ilimpoz
teoría (f)	теория	teorija
axioma (m)	аксиома	aksioma
análisis (m)	талдоо	taldoo
analizar (vt)	талдоо	taldoo
argumento (m)	далил	dalil
sustancia (f) (materia)	зат	zat
hipótesis (f)	гипотеза	gipoteza
dilema (m)	дилемма	dilemma
tesis (f) de grado	диссертация	dissertatsija
dogma (m)	догма	dogma
doctrina (f)	доктрина	doktrina
investigación (f)	изилдөө	izildøø
investigar (vt)	изилдөө	izildøø
prueba (f)	сынак	sınak
laboratorio (m)	лаборатория	laboratorija
método (m)	ыкма	ıkma
molécula (f)	молекула	molekula
seguimiento (m)	бейлөө	bejløø
descubrimiento (m)	таап ачуу	taap atʃuu
postulado (m)	постулат	postulat
principio (m)	усул	usul
pronóstico (m)	божомол	bodʒomol
pronosticar (vt)	алдын ала айтуу	aldın ala ajtuu
síntesis (f)	синтез	sintez
tendencia (f)	умтулуу	umtuluu
teorema (m)	теорема	teorema
enseñanzas (f pl)	окуу	okuu
hecho (m)	далил	dalil
expedición (f)	экспедиция	ekspeditsija
experimento (m)	тажрыйба	tadʒrıjba
académico (m)	академик	akademik
bachiller (m)	бакалавр	bakalavr
doctorado (m)	доктор	doktor

docente (m)	**доцент**	dotsent
Master (m) (~ en Letras)	**магистр**	magistr
profesor (m)	**профессор**	professor

Las profesiones y los oficios

85. La búsqueda de trabajo. El despido del trabajo

trabajo (m)	иш	iʃ
empleados (pl)	жамаат	dʒamaat
personal (m)	жамаат курамы	dʒamaat kuramı

carrera (f)	мансап	mansap
perspectiva (f)	перспектива	perspektiva
maestría (f)	чеберчилик	tʃebertʃilik

selección (f)	тандоо	tandoo
agencia (f) de empleo	кадрдык агенттиги	kadrdık agenttigi
curriculum vitae (m)	таржымал	tardʒımal
entrevista (f)	аңгемелешүү	aŋgemeleʃyy
vacancia (f)	жумуш орун	dʒumuʃ orun

salario (m)	эмгек акы	emgek akı
salario (m) fijo	маяна	majana
remuneración (f)	акысын төлөө	akısın tøløø

puesto (m) (trabajo)	кызмат орун	kızmat orun
deber (m)	милдет	mildet
gama (f) de deberes	милдеттенмелер	mildettenmeler
ocupado (adj)	бош эмес	boʃ emes

| despedir (vt) | бошотуу | boʃotuu |
| despido (m) | бошотуу | boʃotuu |

desempleo (m)	жумушсуздук	dʒumuʃsuzduk
desempleado (m)	жумушсуз	dʒumuʃsuz
jubilación (f)	бааракы	baarakı
jubilarse	ардактуу эс алууга чыгуу	ardaktuu es aluuga tʃiguu

86. Los negociantes

director (m)	директор	direktor
gerente (m)	башкаруучу	baʃkaruutʃu
jefe (m)	башкаруучу	baʃkaruutʃu

superior (m)	башчы	baʃtʃı
superiores (m pl)	башчылар	baʃtʃılar
presidente (m)	президент	prezident
presidente (m) (de compañía)	төрага	tøraga

| adjunto (m) | орун басар | orun basar |
| asistente (m) | жардамчы | dʒardamtʃı |

secretario, -a (m, f)	катчы	kattʃı
secretario (m) particular	жеке катчы	dʒeke kattʃı
hombre (m) de negocios	бизнесмен	biznesmen
emprendedor (m)	ишкер	iʃker
fundador (m)	негиздөөчү	negizdøøtʃy
fundar (vt)	негиздөө	negizdøø
institutor (m)	уюмдаштыруучу	ujumdaʃtıruutʃu
compañero (m)	өнөктөш	ønøktøʃ
accionista (m)	акция кармоочу	aktsija karmootʃu
millonario (m)	миллионер	millioner
multimillonario (m)	миллиардер	milliarder
propietario (m)	ээси	eesi
terrateniente (m)	жер ээси	dʒer eesi
cliente (m)	кардар	kardar
cliente (m) habitual	туруктуу кардар	turuktuu kardar
comprador (m)	сатып алуучу	satıp aluutʃu
visitante (m)	келүүчү	kelyytʃy
profesional (m)	кесипкөй	kesipkøj
experto (m)	ишбилги	iʃbilgi
especialista (m)	адис	adis
banquero (m)	банкир	bankir
broker (m)	далдалчы	daldaltʃı
cajero (m)	кассир	kassir
contable (m)	бухгалтер	buxgalter
guardia (m) de seguridad	кароолчу	karooltʃu
inversionista (m)	салым кошуучу	salım koʃuutʃu
deudor (m)	карыздар	karızdar
acreedor (m)	насыя алуучу	nasıja aluutʃu
prestatario (m)	карызга алуучу	karızga aluutʃu
importador (m)	импорттоочу	importtootʃu
exportador (m)	экспорттоочу	eksporttootʃu
productor (m)	өндүрүүчү	øndyryytʃy
distribuidor (m)	дистрибьютор	distribjutor
intermediario (m)	ортомчу	ortomtʃu
asesor (m) (~ fiscal)	кеңешчи	keŋeʃtʃi
representante (m)	сатуу агенти	satuu agenti
agente (m)	агент	agent
agente (m) de seguros	камсыздандыруучу агент	kamsızdandıruutʃu agent

87. Los trabajos de servicio

cocinero (m)	ашпозчу	aʃpoztʃu
jefe (m) de cocina	башкы ашпозчу	baʃkı aʃpoztʃu

panadero (m)	навайчы	navajʧı
barman (m)	бармен	barmen
camarero (m)	официант	ofıtsiant
camarera (f)	официант кыз	ofıtsiant kız

abogado (m)	жактоочу	ʤaktooʧu
jurista (m)	юрист	jurist
notario (m)	нотариус	notarius

electricista (m)	электрик	elektrik
fontanero (m)	сантехник	santeχnik
carpintero (m)	жыгач уста	ʤıgaʧ usta

masajista (m)	укалоочу	ukalooʧu
masajista (f)	укалоочу	ukalooʧu
médico (m)	доктур	doktur

taxista (m)	такси айдоочу	taksi ajdooʧu
chófer (m)	айдоочу	ajdooʧu
repartidor (m)	жеткирүүчү	ʤetkiryyʧy

camarera (f)	үй кызматкери	yj kızmatkeri
guardia (m) de seguridad	кароолчу	karoolʧu
azafata (f)	стюардесса	stuardessa

profesor (m) (~ de baile, etc.)	мугалим	mugalim
bibliotecario (m)	китепканачы	kitepkanaʧı
traductor (m)	котормочу	kotormoʧu
intérprete (m)	оозеки котормочу	oozeki kotormoʧu
guía (m)	гид	gid

peluquero (m)	чач тарач	ʧaʧ taraʧ
cartero (m)	кат ташуучу	kat taʃuuʧu
vendedor (m)	сатуучу	satuuʧu

jardinero (m)	багбанчы	bagbanʧı
servidor (m)	үй кызматчы	yj kızmatʧı
criada (f)	үй кызматчы аял	yj kızmatʧı ajal
mujer (f) de la limpieza	тазалагыч	tazalagıʧ

88. La profesión militar y los rangos

soldado (m) raso	катардагы жоокер	katardagı ʤooker
sargento (m)	сержант	serʤant
teniente (m)	лейтенант	lejtenant
capitán (m)	капитан	kapitan

mayor (m)	майор	major
coronel (m)	полковник	polkovnik
general (m)	генерал	general
mariscal (m)	маршал	marʃal
almirante (m)	адмирал	admiral
militar (m)	аскер кызматчысы	asker kızmatʧısı
soldado (m)	аскер	asker

oficial (m)	офицер	ofitser
comandante (m)	командир	komandir
guardafronteras (m)	чек арачы	tʃek aratʃı
radio-operador (m)	радист	radist
explorador (m)	чалгынчы	tʃalgıntʃı
zapador (m)	сапёр	sapʲor
tirador (m)	аткыч	atkıtʃ
navegador (m)	штурман	ʃturman

89. Los oficiales. Los sacerdotes

rey (m)	король, падыша	korolʲ, padıʃa
reina (f)	ханыша	χanıʃa
príncipe (m)	канзаада	kanzaada
princesa (f)	ханбийке	χanbijke
zar (m)	падыша	padıʃa
zarina (f)	ханыша	χanıʃa
presidente (m)	президент	prezident
ministro (m)	министр	ministr
primer ministro (m)	премьер-министр	premjer-ministr
senador (m)	сенатор	senator
diplomático (m)	дипломат	diplomat
cónsul (m)	консул	konsul
embajador (m)	элчи	eltʃi
consejero (m)	кеңешчи	keŋeʃtʃi
funcionario (m)	аткаминер	atkaminer
prefecto (m)	префект	prefekt
alcalde (m)	мэр	mer
juez (m)	сот	sot
fiscal (m)	прокурор	prokuror
misionero (m)	миссионер	missioner
monje (m)	кечил	ketʃil
abad (m)	аббат	abbat
rabino (m)	раввин	ravvin
visir (m)	визирь	vizirʲ
sha (m), shah (m)	шах	ʃaχ
jeque (m)	шейх	ʃejχ

90. Las profesiones agrícolas

apicultor (m)	балчы	baltʃı
pastor (m)	чабан	tʃaban
agrónomo (m)	агроном	agronom

ganadero (m)	малчы	malʧı
veterinario (m)	мал доктуру	mal dokturu
granjero (m)	фермер	fermer
vinicultor (m)	вино жасоочу	vino dʒasootʃu
zoólogo (m)	зоолог	zoolog
cowboy (m)	ковбой	kovboj

91. Las profesiones artísticas

actor (m)	актёр	aktʲor
actriz (f)	актриса	aktrisa
cantante (m)	ырчы	ırtʃı
cantante (f)	ырчы кыз	ırtʃı kız
bailarín (m)	бийчи жигит	bijtʃi dʒigit
bailarina (f)	бийчи кыз	bijtʃi kız
artista (m)	аткаруучу	atkaruutʃu
artista (f)	аткаруучу	atkaruutʃu
músico (m)	музыкант	muzıkant
pianista (m)	пианист	pianist
guitarrista (m)	гитарист	gitarist
director (m) de orquesta	дирижёр	diridʒʲor
compositor (m)	композитор	kompozitor
empresario (m)	импресарио	impresario
director (m) de cine	режиссёр	redʒissʲor
productor (m)	продюсер	produser
guionista (m)	сценарист	stsenarist
crítico (m)	сынчы	sıntʃı
escritor (m)	жазуучу	dʒazuutʃu
poeta (m)	акын	akın
escultor (m)	бедизчи	bediztʃi
pintor (m)	сүрөтчү	syrøttʃy
malabarista (m)	жонглёр	dʒonglʲor
payaso (m)	маскарапоз	maskarapoz
acróbata (m)	акробат	akrobat
ilusionista (m)	көз боечу	køz boetʃu

92. Profesiones diversas

médico (m)	доктур	doktur
enfermera (f)	медсестра	medsestra
psiquiatra (m)	психиатр	psiχiatr
estomatólogo (m)	тиш доктур	tiʃ doktur
cirujano (m)	хирург	χirurg

astronauta (m)	астронавт	astronavt
astrónomo (m)	астроном	astronom
piloto (m)	учкуч	utʃkutʃ

conductor (m) (chófer)	айдоочу	ajdootʃu
maquinista (m)	машинист	maʃinist
mecánico (m)	механик	meχanik

minero (m)	кенчи	kentʃi
obrero (m)	жумушчу	dʒumuʃtʃu
cerrajero (m)	слесарь	slesarʲ
carpintero (m)	жыгач уста	dʒıgatʃ usta
tornero (m)	токарь	tokarʲ
albañil (m)	куруучу	kuruutʃu
soldador (m)	ширеткич	ʃiretkitʃ

profesor (m) (título)	профессор	professor
arquitecto (m)	архитектор	arχitektor
historiador (m)	тарыхчы	tarıχtʃı
científico (m)	илимпоз	ilimpoz
físico (m)	физик	fizik
químico (m)	химик	χimik

arqueólogo (m)	археолог	arχeolog
geólogo (m)	геолог	geolog
investigador (m)	изилдөөчү	izildøøtʃy

niñera (f)	бала баккыч	bala bakkıtʃ
pedagogo (m)	мугалим	mugalim

redactor (m)	редактор	redaktor
redactor jefe (m)	башкы редактор	baʃkı redaktor
corresponsal (m)	кабарчы	kabartʃı
mecanógrafa (f)	машинистка	maʃinistka

diseñador (m)	дизайнер	dizajner
especialista (m) en ordenadores	компьютер адиси	kompjʉter adisi
programador (m)	программист	programmist
ingeniero (m)	инженер	indʒener

marino (m)	деңизчи	deŋiztʃi
marinero (m)	матрос	matros
socorrista (m)	куткаруучу	kutkaruutʃu

bombero (m)	өрт өчүргүч	ørt øtʃyrgytʃ
policía (m)	полиция кызматкери	politsija kızmatkeri
vigilante (m) nocturno	кароолчу	karooltʃu
detective (m)	аңдуучу	aŋduutʃu

aduanero (m)	бажы кызматкери	badʒı kızmatkeri
guardaespaldas (m)	жан сакчы	dʒan saktʃı
guardia (m) de prisiones	күзөтчү	kyzøttʃy
inspector (m)	инспектор	inspektor
deportista (m)	спортчу	sporttʃu
entrenador (m)	машыктыруучу	maʃıktıruutʃu

carnicero (m)	касапчы	kasaptʃı
zapatero (m)	өтүкчү	øtyktʃy
comerciante (m)	жеке соодагер	dʒeke soodager
cargador (m)	жүк ташуучу	dʒyk taʃuutʃu
diseñador (m) de modas	модельер	modeljer
modelo (f)	модель	modelʲ

93. Los trabajos. El estatus social

escolar (m)	окуучу	okuutʃu
estudiante (m)	студент	student
filósofo (m)	философ	filosof
economista (m)	экономист	ekonomist
inventor (m)	ойлоп табуучу	ojlop tabuutʃu
desempleado (m)	жумушсуз	dʒumuʃsuz
jubilado (m)	бааргер	baarger
espía (m)	тыңчы	tıŋtʃı
prisionero (m)	камактагы адам	kamaktagı adam
huelguista (m)	иш калтыргыч	iʃ kaltırgıtʃ
burócrata (m)	бюрократ	bʉrokrat
viajero (m)	саякатчы	sajakattʃı
homosexual (m)	гомосексуалист	gomoseksualist
hacker (m)	хакер	χaker
hippie (m)	хиппи	χippi
bandido (m)	ууру-кески	uuru-keski
sicario (m)	жалданма киши өлтүргүч	dʒaldanma kiʃi øltyrgytʃ
drogadicto (m)	баңги	baŋgi
narcotraficante (m)	баңгизат сатуучу	baŋgizat satuutʃu
prostituta (f)	сойку	sojku
chulo (m), proxeneta (m)	жан бакты	dʒan baktı
brujo (m)	жадыгөй	dʒadıgøj
bruja (f)	жадыгөй	dʒadıgøj
pirata (m)	деңиз каракчысы	deŋiz karaktʃısı
esclavo (m)	кул	kul
samurai (m)	самурай	samuraj
salvaje (m)	жапайы	dʒapajı

La educación

94. La escuela

escuela (f)	мектеп	mektep
director (m) de escuela	мектеп директору	mektep direktoru
alumno (m)	окуучу бала	okuutʃu bala
alumna (f)	окуучу кыз	okuutʃu kız
escolar (m)	окуучу	okuutʃu
escolar (f)	окуучу кыз	okuutʃu kız
enseñar (vt)	окутуу	okutuu
aprender (ingles, etc.)	окуу	okuu
aprender de memoria	жаттоо	dʒattoo
aprender (a leer, etc.)	үйрөнүү	yjrønyy
estar en la escuela	мектепке баруу	mektepke baruu
ir a la escuela	окууга баруу	okuuga baruu
alfabeto (m)	алфавит	alfavit
materia (f)	сабак	sabak
clase (f), aula (f)	класс	klass
lección (f)	сабак	sabak
recreo (m)	танапис	tanapis
campana (f)	коңгуроо	koŋguroo
pupitre (m)	парта	parta
pizarra (f)	такта	takta
nota (f)	баа	baa
buena nota (f)	жакшы баа	dʒakʃı baa
mala nota (f)	жаман баа	dʒaman baa
poner una nota	баа коюу	baa kojʉu
falta (f)	ката	kata
hacer faltas	ката кетирүү	kata ketiryy
corregir (un error)	түзөтүү	tyzøtyy
chuleta (f)	шпаргалка	ʃpargalka
deberes (m pl) de casa	үй иши	yj iʃi
ejercicio (m)	көнүгүү	kønygyy
estar presente	катышуу	katıʃuu
estar ausente	келбей калуу	kelbej kaluu
faltar a las clases	сабактарды калтыруу	sabaktardı kaltıruu
castigar (vt)	жазалоо	dʒazaloo
castigo (m)	жаза	dʒaza
conducta (f)	жүрүм-турум	dʒyrym-turum

libreta (f) de notas	күндөлүк	kyndølyk
lápiz (f)	карандаш	karandaʃ
goma (f) de borrar	өчүргүч	øtʃyrgytʃ
tiza (f)	бор	bor
cartuchera (f)	калем салгыч	kalem salgıtʃ
mochila (f)	портфель	portfelʲ
bolígrafo (m)	калем сап	kalem sap
cuaderno (m)	дептер	depter
manual (m)	китеп	kitep
compás (m)	циркуль	tsırkulʲ
trazar (vi, vt)	чийүү	tʃijyy
dibujo (m) técnico	чийме	tʃijme
poema (m), poesía (f)	ыр сап	ır sap
de memoria (adv)	жатка	dʒatka
aprender de memoria	жаттоо	dʒattoo
vacaciones (f pl)	эс алуу	es aluu
estar de vacaciones	эс алууда болуу	es aluuda boluu
pasar las vacaciones	эс алууну өткөзүү	es aluunu øtkøzyy
prueba (f) escrita	текшерүү иш	tekʃeryy iʃ
composición (f)	дил баян	dil bajan
dictado (m)	жат жаздыруу	dʒat dʒazdıruu
examen (m)	экзамен	ekzamen
hacer un examen	экзамен тапшыруу	ekzamen tapʃıruu
experimento (m)	тажрыйба	tadʒrıjba

95. Los institutos. La Universidad

academia (f)	академия	akademija
universidad (f)	университет	universitet
facultad (f)	факультет	fakulʲtet
estudiante (m)	студент бала	student bala
estudiante (f)	студент кыз	student kız
profesor (m)	мугалим	mugalim
aula (f)	дарскана	darskana
graduado (m)	окуу жайды бүтүрүүчү	okuu dʒajdı bytyryytʃy
diploma (m)	диплом	diplom
tesis (f) de grado	диссертация	dissertatsija
estudio (m)	изилдөө	izildøø
laboratorio (m)	лаборатория	laboratorija
clase (f)	лекция	lektsija
compañero (m) de curso	курсташ	kurstaʃ
beca (f)	стипендия	stipendija
grado (m) académico	илимий даража	ilimij daradʒa

96. Las ciencias. Las disciplinas

matemáticas (f pl)	математика	matematika
álgebra (f)	алгебра	algebra
geometría (f)	геометрия	geometrija

astronomía (f)	астрономия	astronomija
biología (f)	биология	biologija
geografía (f)	география	geografija
geología (f)	геология	geologija
historia (f)	тарых	tarıx

medicina (f)	медицина	meditsina
pedagogía (f)	педагогика	pedagogika
derecho (m)	укук	ukuk

física (f)	физика	fizika
química (f)	химия	ximija
filosofía (f)	философия	filosofija
psicología (f)	психология	psixologija

97. Los sistemas de escritura. La ortografía

gramática (f)	грамматика	grammatika
vocabulario (m)	лексика	leksika
fonética (f)	фонетика	fonetika

sustantivo (m)	зат атооч	zat atootʃ
adjetivo (m)	сын атооч	sın atootʃ
verbo (m)	этиш	etiʃ
adverbio (m)	тактооч	taktootʃ

pronombre (m)	ат атооч	at atootʃ
interjección (f)	сырдык сөз	sırdık søz
preposición (f)	препозиция	prepozitsija

raíz (f), radical (m)	сөздүн уңгусу	søzdyn uŋgusu
desinencia (f)	жалгоо	dʒalgoo
prefijo (m)	префикс	prefiks
sílaba (f)	муун	muun
sufijo (m)	суффикс	suffiks

acento (m)	басым	basım
apóstrofo (m)	апостроф	apostrof

punto (m)	чекит	tʃekit
coma (f)	үтүр	ytyr
punto y coma	чекитүү үтүр	tʃekityy ytyr
dos puntos (m pl)	кош чекит	koʃ tʃekit
puntos (m pl) suspensivos	көп чекит	køp tʃekit

signo (m) de interrogación	суроо белгиси	suroo belgisi
signo (m) de admiración	илеп белгиси	ilep belgisi

comillas (f pl)	тырмакча	tırmaktʃa
entre comillas	тырмакчага алынган	tırmaktʃaga alıngan
paréntesis (m)	кашаа	kaʃaa
entre paréntesis	кашаага алынган	kaʃaaga alıngan
guión (m)	дефис	defis
raya (f)	тире	tire
blanco (m)	аралык	aralık
letra (f)	тамга	tamga
letra (f) mayúscula	баш тамга	baʃ tamga
vocal (f)	үндүү тыбыш	yndyy tıbıʃ
consonante (m)	үнсүз тыбыш	ynsyz tıbıʃ
oración (f)	сүйлөм	syjløm
sujeto (m)	сүйлөмдүн ээси	syjlømdyn eesi
predicado (m)	баяндооч	bajandootʃ
línea (f)	сап	sap
en una nueva línea	жаңы сап	dʒaŋı sap
párrafo (m)	абзац	abzats
palabra (f)	сөз	søz
combinación (f) de palabras	сөз айкашы	søz ajkaʃı
expresión (f)	туюнтма	tujuntma
sinónimo (m)	синоним	sinonim
antónimo (m)	антоним	antonim
regla (f)	эреже	eredʒe
excepción (f)	чектен чыгаруу	tʃekten tʃıgaruu
correcto (adj)	туура	tuura
conjugación (f)	жактоо	dʒaktoo
declinación (f)	жөндөлүш	dʒøndølyʃ
caso (m)	жөндөмө	dʒøndømø
pregunta (f)	суроо	suroo
subrayar (vt)	баса белгилөө	basa belgiløø
línea (f) de puntos	пунктир	punktir

98. Los idiomas extranjeros

lengua (f)	тил	til
extranjero (adj)	чет	tʃet
lengua (f) extranjera	чет тил	tʃet til
estudiar (vt)	окуу	okuu
aprender (ingles, etc.)	үйрөнүү	yjrønyy
leer (vi, vt)	окуу	okuu
hablar (vi, vt)	сүйлөө	syjløø
comprender (vt)	түшүнүү	tyʃynyy
escribir (vt)	жазуу	dʒazuu
rápidamente (adv)	тез	tez
lentamente (adv)	жай	dʒaj

con fluidez (adv)	эркин	erkin
reglas (f pl)	эрежелер	eredʒeler
gramática (f)	грамматика	grammatika
vocabulario (m)	лексика	leksika
fonética (f)	фонетика	fonetika
manual (m)	китеп	kitep
diccionario (m)	сөздүк	søzdyk
manual (m) autodidáctico	өзү үйрөткүч	øzy yjrøtkytʃ
guía (f) de conversación	тилачар	tilatʃar
casete (m)	кассета	kasseta
videocasete (f)	видеокассета	videokasseta
CD (m)	CD, компакт-диск	sidi, kompakt-disk
DVD (m)	DVD-диск	dividi-disk
alfabeto (m)	алфавит	alfavit
deletrear (vt)	эжелеп айтуу	edʒelep ajtuu
pronunciación (f)	айтылышы	ajtılıʃı
acento (m)	акцент	aktsent
con acento	акцент менен	aktsent menen
sin acento	акцентсиз	aktsentsiz
palabra (f)	сөз	søz
significado (m)	маани	maani
cursos (m pl)	курстар	kurstar
inscribirse (vr)	курска жазылуу	kurska dʒazıluu
profesor (m) (~ de inglés)	окутуучу	okutuutʃu
traducción (f) (proceso)	которуу	kotoruu
traducción (f) (texto)	котормо	kotormo
traductor (m)	котормочу	kotormotʃu
intérprete (m)	оозеки котормочу	oozeki kotormotʃu
políglota (m)	полиглот	poliglot
memoria (f)	эс тутум	es tutum

Los restaurantes. El entretenimiento. El viaje

99. El viaje. Viajar

turismo (m)	туризм	turizm
turista (m)	турист	turist
viaje (m)	саякат	sajakat
aventura (f)	укмуштуу окуя	ukmuʃtuu okuja
viaje (m)	сапар	sapar
vacaciones (f pl)	дем алыш	dem alıʃ
estar de vacaciones	дем алышка чыгуу	dem alıʃka tʃıguu
descanso (m)	эс алуу	es aluu
tren (m)	поезд	poezd
en tren	поезд менен	poezd menen
avión (m)	учак	utʃak
en avión	учакта	utʃakta
en coche	автомобилде	avtomobilde
en barco	кемеде	kemede
equipaje (m)	жүк	dʒyk
maleta (f)	чемодан	tʃemodan
carrito (m) de equipaje	араба	araba
pasaporte (m)	паспорт	pasport
visado (m)	виза	viza
billete (m)	билет	bilet
billete (m) de avión	авиабилет	aviabilet
guía (f) (libro)	жол көрсөткүч	dʒol kørsøtkytʃ
mapa (m)	карта	karta
área (m) (~ rural)	жай	dʒaj
lugar (m)	жер	dʒer
exotismo (m)	экзотика	ekzotika
exótico (adj)	экзотикалуу	ekzotikaluu
asombroso (adj)	ажайып	adʒajıp
grupo (m)	топ	top
excursión (f)	экскурсия	ekskursija
guía (m) (persona)	экскурсия жетекчиси	ekskursija dʒetektʃisi

100. El hotel

hotel (m), motel (m)	мейманкана	mejmankana
motel (m)	мотель	motelʲ
de tres estrellas	үч жылдыздуу	ytʃ dʒıldızduu

de cinco estrellas	беш жылдыздуу	beʃ dʒıldızduu
hospedarse (vr)	токтоо	toktoo
habitación (f)	номер	nomer
habitación (f) individual	бир орундуу	bir orunduu
habitación (f) doble	эки орундуу	eki orunduu
reservar una habitación	номерди камдык буйрутмалоо	nomerdi kamdık bujrutmaloo
media pensión (f)	жарым пансион	dʒarım pansion
pensión (f) completa	толук пансион	toluk pansion
con baño	ваннасы менен	vannası menen
con ducha	душ менен	duʃ menen
televisión (f) satélite	спутник	sputnik
climatizador (m)	аба желдеткич	aba dʒeldetkitʃ
toalla (f)	сулгу	sylgy
llave (f)	ачкыч	atʃkıtʃ
administrador (m)	администратор	administrator
camarera (f)	үй кызматкери	yj kızmatkeri
maletero (m)	жүк ташуучу	dʒyk taʃuutʃu
portero (m)	эшик ачуучу	eʃik atʃuutʃu
restaurante (m)	ресторан	restoran
bar (m)	бар	bar
desayuno (m)	таңкы тамак	taŋkı tamak
cena (f)	кечки тамак	ketʃki tamak
buffet (m) libre	шведче стол	ʃvedtʃe stol
vestíbulo (m)	вестибюль	vestibulʲ
ascensor (m)	лифт	lift
NO MOLESTAR	ТЫНЧЫБЫЗДЫ АЛБАГЫЛА!	tıntʃıbızdı albagıla!
PROHIBIDO FUMAR	ТАМЕКИ ЧЕГҮҮГӨ БОЛБОЙТ!	tameki tʃegyygø bolbojt!

EL EQUIPO TÉCNICO. EL TRANSPORTE

El equipo técnico

101. El computador

ordenador (m)	компьютер	kompjuter
ordenador (m) portátil	ноутбук	noutbuk
encender (vt)	күйгүзүү	kyjgyzyy
apagar (vt)	өчүрүү	øtʃyryy
teclado (m)	ариптакта	ariptakta
tecla (f)	баскыч	baskıtʃ
ratón (m)	чычкан	tʃıtʃkan
alfombrilla (f) para ratón	килемче	kilemtʃe
botón (m)	баскыч	baskıtʃ
cursor (m)	курсор	kursor
monitor (m)	монитор	monitor
pantalla (f)	экран	ekran
disco (m) duro	катуу диск	katuu disk
volumen (m) de disco duro	катуу дисктин көлөмү	katuu disktin kølømy
memoria (f)	эс тутум	es tutum
memoria (f) operativa	оперативдик эс тутум	operativdik es tutum
archivo, fichero (m)	файл	fajl
carpeta (f)	папка	papka
abrir (vt)	ачуу	atʃuu
cerrar (vt)	жабуу	dʒabuu
guardar (un archivo)	сактоо	saktoo
borrar (vt)	жок кылуу	dʒok kıluu
copiar (vt)	көчүрүү	køtʃyryy
ordenar (vt) (~ de A a Z, etc.)	ирөттөө	irettøø
copiar (vt)	өткөрүү	øtkøryy
programa (m)	программа	programma
software (m)	программалык	programmalık
programador (m)	программист	programmist
programar (vt)	программалаштыруу	programmalaʃtıruu
hacker (m)	хакер	χaker
contraseña (f)	сырсөз	sırsøz
virus (m)	вирус	virus
detectar (vt)	издеп табуу	izdep tabuu
octeto (m)	байт	bajt

megaocteto (m)	мегабайт	megabajt
datos (m pl)	маалыматтар	maalımattar
base (f) de datos	маалымат базасы	maalımat bazası
cable (m)	кабель	kabelʲ
desconectar (vt)	ажыратуу	adʒıratuu
conectar (vt)	туташтыруу	tutaʃtıruu

102. El internet. El correo electrónico

internet (m), red (f)	интернет	internet
navegador (m)	браузер	brauzer
buscador (m)	издөө аспабы	izdøø aspabı
proveedor (m)	провайдер	provajder
webmaster (m)	веб-мастер	web-master
sitio (m) web	веб-сайт	web-sajt
página (f) web	веб-баракча	web-baraktʃa
dirección (f)	дарек	darek
libro (m) de direcciones	дарек китепчеси	darek kiteptʃesi
buzón (m)	почта ящиги	potʃta jaʃtʃigi
correo (m)	почта	potʃta
lleno (adj)	толуп калган	tolup kalgan
mensaje (m)	кабар	kabar
correo (m) entrante	келген кабарлар	kelgen kabarlar
correo (m) saliente	жөнөтүлгөн кабарлар	dʒønøtylgøn kabarlar
expedidor (m)	жөнөтүүчү	dʒønøtyytʃy
enviar (vt)	жөнөтүү	dʒønøtyy
envío (m)	жөнөтүү	dʒønøtyy
destinatario (m)	алуучу	aluutʃu
recibir (vt)	алуу	aluu
correspondencia (f)	жазышуу	dʒazıʃuu
escribirse con ...	жазышуу	dʒazıʃuu
archivo, fichero (m)	файл	fajl
descargar (vt)	жүктөө	dʒyktøø
crear (vt)	жаратуу	dʒaratuu
borrar (vt)	жок кылуу	dʒok kıluu
borrado (adj)	жок кылынган	dʒok kılıngan
conexión (f) (ADSL, etc.)	байланыш	bajlanıʃ
velocidad (f)	ылдамдык	ıldamdık
módem (m)	модем	modem
acceso (m)	жеткирилүү	dʒetkirilyy
puerto (m)	порт	port
conexión (f) (establecer la ~)	туташуу	tutaʃuu
conectarse a ...	... туташуу	... tutaʃuu

seleccionar (vt)	тандоо	tandoo
buscar (vt)	… издөө	… izdøø

103. La electricidad

electricidad (f)	электр кубаты	elektr kubatı
eléctrico (adj)	электрикалык	elektrikalık
central (f) eléctrica	электростанция	elektrostantsija
energía (f)	энергия	energija
energía (f) eléctrica	электр кубаты	elektr kubatı
bombilla (f)	лампочка	lampotʃka
linterna (f)	шам	ʃam
farola (f)	шам	ʃam
luz (f)	жарык	dʒarık
encender (vt)	күйгүзүү	kyjgyzyy
apagar (vt)	өчүрүү	øtʃyryy
apagar la luz	жарыкты өчүрүү	dʒarıktı øtʃyryy
quemarse (vr)	күйүп кетүү	kyjyp ketyy
circuito (m) corto	кыска туташуу	kıska tutaʃuu
ruptura (f)	үзүлүү	yzylyy
contacto (m)	контакт	kontakt
interruptor (m)	өчүргүч	øtʃyrgytʃ
enchufe (m)	розетка	rozetka
clavija (f)	сайгыч	sajgıtʃ
alargador (m)	узарткыч	uzartkıtʃ
fusible (m)	эриме сактагыч	erime saktagıtʃ
hilo (m)	зым	zım
instalación (f) eléctrica	электр зымы	elektr zımı
amperio (m)	ампер	amper
amperaje (m)	токтун күчү	toktun kytʃy
voltio (m)	вольт	volʲt
voltaje (m)	чыңалуу	tʃıŋaluu
aparato (m) eléctrico	электр алет	elektr alet
indicador (m)	көрсөткүч	kørsøtkytʃ
electricista (m)	электрик	elektrik
soldar (vt)	кандоо	kandoo
soldador (m)	кандагыч аспап	kandagıtʃ aspap
corriente (f)	электр тогу	elektr togu

104. Las herramientas

instrumento (m)	аспап	aspap
instrumentos (m pl)	аспаптар	aspaptar
maquinaria (f)	жабдуу	dʒabduu

martillo (m)	балка	balka
destornillador (m)	бурагыч	buragıtʃ
hacha (f)	балта	balta
sierra (f)	араа	araa
serrar (vt)	аралоо	araloo
cepillo (m)	тактай сүргүч	taktaj syrgytʃ
cepillar (vt)	сүрүү	syryy
soldador (m)	кандагыч аспап	kandagıtʃ aspap
soldar (vt)	кандоо	kandoo
lima (f)	өгөө	øgøø
tenazas (f pl)	аттиш	attiʃ
alicates (m pl)	жалпак тиштүү кычкач	dʒalpak tiʃtyy kıtʃkatʃ
escoplo (m)	тешкич	teʃkitʃ
broca (f)	бургу	burgu
taladro (m)	үшкү	yʃky
taladrar (vi, vt)	бургулап тешүү	burgulap teʃyy
cuchillo (m)	бычак	bıtʃak
navaja (f)	чөнтөк бычак	tʃøntøk bıtʃak
filo (m)	миз	miz
agudo (adj)	курч	kurtʃ
embotado (adj)	мокок	mokok
embotarse (vr)	мокотулуу	mokotuluu
afilar (vt)	курчутуу	kurtʃutuu
perno (m)	буроо	buroo
tuerca (f)	бурама	burama
filete (m)	бураманын сайы	buramanın sajı
tornillo (m)	буроо мык	buroo mık
clavo (m)	мык	mık
cabeza (f) del clavo	баш	baʃ
regla (f)	сызгыч	sızgıtʃ
cinta (f) métrica	рулетка	ruletka
nivel (m) de burbuja	деңгээл	deŋgeel
lupa (f)	чоңойтуч	tʃoŋojtutʃ
aparato (m) de medida	ченөөчү аспап	tʃenøøtʃy aspap
medir (vt)	ченөө	tʃenøø
escala (f) (~ métrica)	шкала	ʃkala
lectura (f)	көрсөтүү ченем	kørsøtyy tʃenem
compresor (m)	компрессор	kompressor
microscopio (m)	микроскоп	mikroskop
bomba (f) (~ de agua)	соргу	sorgu
robot (m)	робот	robot
láser (m)	лазер	lazer
llave (f) de tuerca	гайка ачкычы	gajka atʃkıtʃı
cinta (f) adhesiva	жабышкак тасма	dʒabıʃkak tasma

pegamento (m)	желим	dʒelim
papel (m) de lija	кум кагаз	kum kagaz
resorte (m)	серпилгич	serpilgitʃ
imán (m)	магнит	magnit
guantes (m pl)	колкап	kolkap

cuerda (f)	аркан	arkan
cordón (m)	жип	dʒip
hilo (m) (~ eléctrico)	зым	zım
cable (m)	кабель	kabelʲ

almádana (f)	барскан	barskan
barra (f)	лом	lom
escalera (f) portátil	шаты	ʃatı
escalera (f) de tijera	кичинекей шаты	kitʃinekej ʃatı

atornillar (vt)	бурап бекитүү	burap bekityy
destornillar (vt)	бурап чыгаруу	burap tʃıgaruu
apretar (vt)	кысуу	kısuu
pegar (vt)	жабыштыруу	dʒabıʃtıruu
cortar (vt)	кесүү	kesyy

fallo (m)	бузулгандык	buzulgandık
reparación (f)	оңдоо	oŋdoo
reparar (vt)	оңдоо	oŋdoo
regular, ajustar (vt)	туураалоо	tuuraloo

verificar (vt)	текшерүү	tekʃeryy
control (m)	текшерүү	tekʃeryy
lectura (f) (~ del contador)	көрсөтүү ченем	kørsøtyy tʃenem

| fiable (máquina) | ишеничтүү | iʃenitʃtyy |
| complicado (adj) | кыйын | kıjın |

oxidarse (vr)	дат басуу	dat basuu
oxidado (adj)	дат баскан	dat baskan
óxido (m)	дат	dat

El transporte

105. El avión

avión (m)	учак	utʃak
billete (m) de avión	авиабилет	aviabilet
compañía (f) aérea	авиакомпания	aviakompanija
aeropuerto (m)	аэропорт	aeroport
supersónico (adj)	сверхзвуковой	sverχzvukovoj
comandante (m)	кеме командири	keme komandiri
tripulación (f)	экипаж	ekipadʒ
piloto (m)	учкуч	utʃkutʃ
azafata (f)	стюардесса	stuardessa
navegador (m)	штурман	ʃturman
alas (f pl)	канаттар	kanattar
cola (f)	куйрук	kujruk
cabina (f)	кабина	kabina
motor (m)	кыймылдаткыч	kıjmıldatkıtʃ
tren (m) de aterrizaje	шасси	ʃassi
turbina (f)	турбина	turbina
hélice (f)	пропеллер	propeller
caja (f) negra	кара куту	kara kutu
timón (m)	штурвал	ʃturval
combustible (m)	күйүүчү май	kyjyytʃy may
instructivo (m) de seguridad	коопсуздук көрсөтмөсү	koopsuzduk kørsøtmøsy
respirador (m) de oxígeno	кислород чүмбөтү	kislorod tʃymbøty
uniforme (m)	бир беткей кийим	bir betkey kijim
chaleco (m) salvavidas	куткаруучу күрмө	kutkaruutʃu kyrmø
paracaídas (m)	парашют	paraʃʉt
despegue (m)	учуп көтөрүлүү	utʃup køtørylyy
despegar (vi)	учуп көтөрүлүү	utʃup køtørylyy
pista (f) de despegue	учуп чыгуу тилкеси	utʃup tʃıguu tilkesi
visibilidad (f)	көрүнүш	kørynyʃ
vuelo (m)	учуу	utʃuu
altura (f)	бийиктик	bijiktik
pozo (m) de aire	аба чуңкуру	aba tʃuŋkuru
asiento (m)	орун	orun
auriculares (m pl)	кулакчын	kulaktʃın
mesita (f) plegable	бүктөлмө стол	byktølmø stol
ventana (f)	иллюминатор	illʉminator
pasillo (m)	өтмөк	øtmøk

106. El tren

tren (m)	поезд	poezd
tren (m) eléctrico	электричка	elektritʃka
tren (m) rápido	бат жүрүүчү поезд	bat dʒyryytʃy poezd
locomotora (f) diésel	тепловоз	teplovoz
tren (m) de vapor	паровоз	parovoz
coche (m)	вагон	vagon
coche (m) restaurante	вагон-ресторан	vagon-restoran
rieles (m pl)	рельсалар	relʲsalar
ferrocarril (m)	темир жолу	temir dʒolu
traviesa (f)	шпала	ʃpala
plataforma (f)	платформа	platforma
vía (f)	жол	dʒol
semáforo (m)	семафор	semafor
estación (f)	бекет	beket
maquinista (m)	машинист	maʃinist
maletero (m)	жүк ташуучу	dʒuk taʃuutʃu
mozo (m) del vagón	проводник	provodnik
pasajero (m)	жүргүнчү	dʒyrgyntʃy
revisor (m)	текшерүүчү	tekʃeryytʃy
corredor (m)	коридор	koridor
freno (m) de urgencia	стоп-кран	stop-kran
compartimiento (m)	купе	kupe
litera (f)	текче	tektʃe
litera (f) de arriba	үстүңкү текче	ystyŋky tektʃe
litera (f) de abajo	ылдыйкы текче	ıldıjkı tektʃe
ropa (f) de cama	жууркан-төшөк	dʒuurkan-tøʃøk
billete (m)	билет	bilet
horario (m)	ырааттама	ıraattama
pantalla (f) de información	табло	tablo
partir (vi)	жөнөө	dʒønøø
partida (f) (del tren)	жөнөө	dʒønøø
llegar (tren)	келүү	kelyy
llegada (f)	келүү	kelyy
llegar en tren	поезд менен келүү	poezd menen kelyy
tomar el tren	поездге отуруу	poezdge oturuu
bajar del tren	поездден түшүү	poezdden tyʃyy
descarrilamiento (m)	кыйроо	kıjroo
descarrilarse (vr)	рельсадан чыгып кетүү	relʲsadan tʃıgıp ketyy
tren (m) de vapor	паровоз	parovoz
fogonero (m)	от жагуучу	ot dʒaguutʃu
hogar (m)	меш	meʃ
carbón (m)	көмүр	kømyr

107. El barco

buque (m)	кеме	keme
navío (m)	кеме	keme
buque (m) de vapor	пароход	paroχod
motonave (m)	теплоход	teploχod
trasatlántico (m)	лайнер	lajner
crucero (m)	крейсер	krejser
yate (m)	яхта	jaχta
remolcador (m)	буксир	buksir
barcaza (f)	баржа	bardʒa
ferry (m)	паром	parom
velero (m)	парус	parus
bergantín (m)	бригантина	brigantina
rompehielos (m)	муз жаргыч кеме	muz dʒargıtʃ keme
submarino (m)	суу астында жүрүүчү кеме	suu ɑstında dʒyryytʃy keme
bote (m) de remo	кайык	kajık
bote (m)	шлюпка	ʃlʉpka
bote (m) salvavidas	куткаруу шлюпкасы	kutkaruu ʃlʉpkası
lancha (f) motora	катер	kater
capitán (m)	капитан	kapitan
marinero (m)	матрос	matros
marino (m)	деңизчи	deŋiztʃi
tripulación (f)	экипаж	ekipadʒ
contramaestre (m)	боцман	botsman
grumete (m)	юнга	jʉnga
cocinero (m) de abordo	кок	kok
médico (m) del buque	кеме доктуру	keme dokturu
cubierta (f)	палуба	paluba
mástil (m)	мачта	matʃta
vela (f)	парус	parus
bodega (f)	трюм	trʉm
proa (f)	тумшук	tumʃuk
popa (f)	кеменин арткы бөлүгү	kemenin artkı bølygy
remo (m)	калак	kalak
hélice (f)	винт	vint
camarote (m)	каюта	kajʉta
sala (f) de oficiales	кают-компания	kajʉt-kompanija
sala (f) de máquinas	машина бөлүгү	maʃina bølygy
puente (m) de mando	капитан мостиги	kapitan mostigi
sala (f) de radio	радиорубка	radiorubka
onda (f)	толкун	tolkun
cuaderno (m) de bitácora	кеме журналы	keme dʒurnalı
anteojo (m)	дүрбү	dyrby

campana (f)	коңгуроо	koŋguroo
bandera (f)	байрак	bajrak
cabo (m) (maroma)	аркан	arkan
nudo (m)	түйүн	tyjyn
pasamano (m)	туткуч	tutkutʃ
pasarela (f)	трап	trap
ancla (f)	кеме казык	keme kazık
levar ancla	кеме казыкты көтөрүү	keme kazıktı køtøryy
echar ancla	кеме казыкты таштоо	keme kazıktı taʃtoo
cadena (f) del ancla	казык чынжыры	kazık tʃındʒırı
puerto (m)	порт	port
embarcadero (m)	причал	pritʃal
amarrar (vt)	келип токтоо	kelip toktoo
desamarrar (vt)	жээктен алыстоо	dʒeekten alıstoo
viaje (m)	саякат	sajakat
crucero (m) (viaje)	деңиз саякаты	deŋiz sajakatı
derrota (f) (rumbo)	курс	kurs
itinerario (m)	каттам	kattam
canal (m) navegable	фарватер	farvater
bajío (m)	тайыз жер	tajız dʒer
encallar (vi)	тайыз жерге отуруу	tajız dʒerge oturuu
tempestad (f)	бороон чапкын	boroon tʃapkın
señal (f)	сигнал	signal
hundirse (vr)	чөгүү	tʃøgyy
¡Hombre al agua!	Сууда адам бар!	suuda adam bar!
SOS	SOS	sos
aro (m) salvavidas	куткаруучу тегерек	kutkaruutʃu tegerek

108. El aeropuerto

aeropuerto (m)	аэропорт	aeroport
avión (m)	учак	utʃak
compañía (f) aérea	авиакомпания	aviakompanija
controlador (m) aéreo	авиадиспетчер	aviadispettʃer
despegue (m)	учуп кетүү	utʃup ketyy
llegada (f)	учуп келүү	utʃup kelyy
llegar (en avión)	учуп келүү	utʃup kelyy
hora (f) de salida	учуп кетүү убактысы	utʃup ketyy ubaktısı
hora (f) de llegada	учуп келүү убактысы	utʃup kelyy ubaktısı
retrasarse (vr)	кармалуу	karmaluu
retraso (m) de vuelo	учуп кетүүнүн кечигиши	utʃup ketyynyn ketʃigiʃi
pantalla (f) de información	маалымат таблосу	maalımat tablosu
información (f)	маалымат	maalımat

anunciar (vt)	кулактандыруу	kulaktandıruu
vuelo (m)	рейс	rejs
aduana (f)	бажыкана	badʒıkana
aduanero (m)	бажы кызматкери	badʒı kızmatkeri
declaración (f) de aduana	бажы декларациясы	badʒı deklaratsijası
rellenar (vt)	толтуруу	tolturuu
rellenar la declaración	декларация толтуруу	deklaratsija tolturuu
control (m) de pasaportes	паспорт текшерүү	pasport tekʃeryy
equipaje (m)	жүк	dʒyk
equipaje (m) de mano	кол жүгү	kol dʒygy
carrito (m) de equipaje	араба	araba
aterrizaje (m)	конуу	konuu
pista (f) de aterrizaje	конуу тилкеси	konuu tilkesi
aterrizar (vi)	конуу	konuu
escaleras (f pl) (de avión)	трап	trap
facturación (f) (check-in)	катталуу	kattaluu
mostrador (m) de facturación	каттоо стойкасы	kattoo stojkası
hacer el check-in	катталуу	kattaluu
tarjeta (f) de embarque	отуруу үчүн талон	oturuu ytʃyn talon
puerta (f) de embarque	чыгуу	tʃıguu
tránsito (m)	транзит	tranzit
esperar (aguardar)	күтүү	kytyy
zona (f) de preembarque	күтүү залы	kutyy zalı
despedir (vt)	узатуу	uzatuu
despedirse (vr)	коштошуу	koʃtoʃuu

Acontecimentos de la vida

109. Los días festivos. Los eventos

fiesta (f)	майрам	majram
fiesta (f) nacional	улуттук	uluttuk
día (m) de fiesta	майрам күнү	majram kyny
festejar (vt)	майрамдоо	majramdoo
evento (m)	окуя	okuja
medida (f)	иш-чара	iʃ-tʃara
banquete (m)	банкет	banket
recepción (f)	кабыл алуу	kabıl aluu
festín (m)	той	toj
aniversario (m)	жылдык	dʒıldık
jubileo (m)	юбилей	jʉbilej
celebrar (vt)	белгилөө	belgiløø
Año (m) Nuevo	Жаны жыл	dʒanı dʒıl
¡Feliz Año Nuevo!	Жаны Жылыңар менен!	dʒanı dʒılıŋar menen!
Papá Noel (m)	Аяз ата, Санта Клаус	ajaz ata, santa klaus
Navidad (f)	Рождество	rodʒdestvo
¡Feliz Navidad!	Рождество майрамыңыз менен!	rodʒdestvo majramıŋız menen!
árbol (m) de Navidad	Жаңы жылдык балаты	dʒaŋı dʒıldık balatı
fuegos (m pl) artificiales	салют	salʉt
boda (f)	үйлөнүү той	yjlønyy toy
novio (m)	күйөө	kyjøø
novia (f)	колукту	koluktu
invitar (vt)	чакыруу	tʃakıruu
tarjeta (f) de invitación	чакыруу	tʃakıruu
invitado (m)	конок	konok
visitar (vt) (a los amigos)	конокко баруу	konokko baruu
recibir a los invitados	конок тосуу	konok tosuu
regalo (m)	белек	belek
regalar (vt)	белек берүү	belek beryy
recibir regalos	белек алуу	belek aluu
ramo (m) de flores	десте	deste
felicitación (f)	куттуктоо	kuttuktoo
felicitar (vt)	куттуктоо	kuttuktoo
tarjeta (f) de felicitación	куттуктоо ачык каты	kuttuktoo atʃık katı
enviar una tarjeta	ачык катты жөнөтүү	atʃık kattı dʒønøtyy

recibir una tarjeta	ачык катты алуу	atʃık kattı aluu
brindis (m)	каалоо тилек	kaaloo tilek
ofrecer (~ una copa)	ооз тийгизүү	ooz tijgizyy
champaña (f)	шампан	ʃampan
divertirse (vr)	көңүл ачуу	køŋyl atʃuu
diversión (f)	көңүлдүүлүк	køŋyldyylyk
alegría (f) (emoción)	кубаныч	kubanıtʃ
baile (m)	бий	bij
bailar (vi, vt)	бийлөө	bijløø
vals (m)	вальс	valʲs
tango (m)	танго	tango

110. Los funerales. El entierro

cementerio (m)	мүрзө	myrzø
tumba (f)	мүрзө	myrzø
cruz (f)	крест	krest
lápida (f)	мүрзө үстүндөгү жазуу	myrzø ystyndøgy dʒazuu
verja (f)	тосмо	tosmo
capilla (f)	кичинекей чиркөө	kitʃinekej tʃirkøø
muerte (f)	өлүм	ølym
morir (vi)	өлүү	ølyy
difunto (m)	маркум	markum
luto (m)	аза	aza
enterrar (vt)	көмүү	kømyy
funeraria (f)	ырасым бюросу	ırasım bʉrosu
entierro (m)	сөөк узатуу жана көмүү	søøk uzatuu dʒana kømyy
corona (f) funeraria	гүлчамбар	gyltʃambar
ataúd (m)	табыт	tabıt
coche (m) fúnebre	катафалк	katafalk
mortaja (f)	кепин	kepin
cortejo (m) fúnebre	узатуу жүрүшү	uzatuu dʒyryʃy
urna (f) funeraria	сөөк күлдүн кутусу	søøk kyldyn kutusu
crematorio (m)	крематорий	krematorij
necrología (f)	некролог	nekrolog
llorar (vi)	ыйлоо	ıjloo
sollozar (vi)	боздоп ыйлоо	bozdop ıjloo

111. La guerra. Los soldados

sección (f)	взвод	vzvod
compañía (f)	рота	rota
regimiento (m)	полк	polk
ejército (m)	армия	armija

división (f)	дивизия	divizija
destacamento (m)	отряд	otrʲad
hueste (f)	куралдуу аскер	kuralduu asker

| soldado (m) | аскер | asker |
| oficial (m) | офицер | ofitser |

soldado (m) raso	катардагы жоокер	katardagı dʒooker
sargento (m)	сержант	serdʒant
teniente (m)	лейтенант	lejtenant
capitán (m)	капитан	kapitan
mayor (m)	майор	major

| coronel (m) | полковник | polkovnik |
| general (m) | генерал | general |

marino (m)	деңизчи	deŋiztʃi
capitán (m)	капитан	kapitan
contramaestre (m)	боцман	botsman

artillero (m)	артиллерист	artillerist
paracaidista (m)	десантник	desantnik
piloto (m)	учкуч	utʃkutʃ

| navegador (m) | штурман | ʃturman |
| mecánico (m) | механик | meχanik |

| zapador (m) | сапёр | sapʲor |
| paracaidista (m) | парашютист | paraʃutist |

| explorador (m) | чалгынчы | tʃalgıntʃı |
| francotirador (m) | көзатар | køzatar |

patrulla (f)	жол-күзөт	dʒol-kyzøt
patrullar (vi, vt)	жол-күзөткө чыгуу	dʒol-kyzøtkø tʃıguu
centinela (m)	сакчы	saktʃı

| guerrero (m) | жоокер | dʒooker |
| patriota (m) | мекенчил | mekentʃil |

| héroe (m) | баатыр | baatır |
| heroína (f) | баатыр айым | baatır ajım |

| traidor (m) | чыккынчы | tʃıkkıntʃı |
| traicionar (vt) | кыянаттык кылуу | kıjanattık kıluu |

| desertor (m) | качкын | katʃkın |
| desertar (vi) | качуу | katʃuu |

mercenario (m)	жалданма	dʒaldanma
recluta (m)	жаңы алынган аскер	dʒaŋı alıngan asker
voluntario (m)	ыктыярчы	ıktıjartʃı

muerto (m)	өлтүрүлгөн	øltyrylgøn
herido (m)	жарадар	dʒaradar
prisionero (m)	туткун	tutkun

112. La guerra. Las maniobras militares. Unidad 1

guerra (f)	согуш	soguʃ
estar en guerra	согушуу	soguʃuu
guerra (f) civil	жарандык согуш	dʒarandık soguʃ
pérfidamente (adv)	жүзү каралык менен кол салуу	dʒyzy karalık menen kol saluu
declaración (f) de guerra	согушту жарыялоо	soguʃtu dʒarıjaloo
declarar (~ la guerra)	согуш жарыялоо	soguʃ dʒarıjaloo
agresión (f)	агрессия	agressija
atacar (~ a un país)	кол салуу	kol saluu
invadir (vt)	басып алуу	basıp aluu
invasor (m)	баскынчы	baskıntʃı
conquistador (m)	басып алуучу	basıp aluutʃu
defensa (f)	коргонуу	korgonuu
defender (vt)	коргоо	korgoo
defenderse (vr)	коргонуу	korgonuu
enemigo (m)	душман	duʃman
adversario (m)	каршылаш	karʃılaʃ
enemigo (adj)	душмандын	duʃmandın
estrategia (f)	стратегия	strategija
táctica (f)	тактика	taktika
orden (f)	буйрук	bujruk
comando (m)	команда	komanda
ordenar (vt)	буйрук берүү	bujruk beryy
misión (f)	тапшырма	tapʃırma
secreto (adj)	жашыруун	dʒaʃıruun
batalla (f)	салгылаш	salgılaʃ
batalla (f)	согуш	soguʃ
combate (m)	салгылаш	salgılaʃ
ataque (m)	чабуул	tʃabuul
asalto (m)	чабуул	tʃabuul
tomar por asalto	чабуул жасоо	tʃabuul dʒasoo
asedio (m), sitio (m)	тегеректеп курчоо	tegerektep kurtʃoo
ofensiva (f)	чабуул	tʃabuul
tomar la ofensiva	чабуул салуу	tʃabuul saluu
retirada (f)	чегинүү	tʃeginyy
retirarse (vr)	чегинүү	tʃeginyy
envolvimiento (m)	курчоо	kurtʃoo
cercar (vt)	курчоого алуу	kurtʃoogo aluu
bombardeo (m)	бомба жаадыруу	bomba dʒaadıruu
lanzar una bomba	бомба таштоо	bomba taʃtoo
bombear (vt)	бомба жаадыруу	bomba dʒaadıruu

explosión (f)	жарылуу	dʒarıluu
tiro (m), disparo (m)	атылуу	atıluu
disparar (vi)	атуу	atuu
tiroteo (m)	атуу	atuu

apuntar a ...	мээлөө	meelöö
encarar (apuntar)	мээлөө	meelöö
alcanzar (el objetivo)	тийүү	tijyy

hundir (vt)	чөктүрүү	tʃöktyryy
brecha (f) (~ en el casco)	тешик	teʃik
hundirse (vr)	суу астына кетүү	suu astına ketyy

frente (m)	майдан	majdan
evacuación (f)	эвакуация	evakuatsija
evacuar (vt)	эвакуациялоо	evakuatsijaloo

trinchera (f)	окоп	okop
alambre (m) de púas	тикендүү зым	tikendyy zım
barrera (f) (~ antitanque)	тосмо	tosmo
torre (f) de vigilancia	мунара	munara

hospital (m)	госпиталь	gospitalʲ
herir (vt)	жарадар кылуу	dʒaradar kıluu
herida (f)	жара	dʒara
herido (m)	жарадар	dʒaradar
recibir una herida	жаракат алуу	dʒarakat aluu
grave (herida)	оор жаракат	oor dʒarakat

113. La guerra. Las maniobras militares. Unidad 2

cautiverio (m)	туткун	tutkun
capturar (vt)	туткунга алуу	tutkunga aluu
estar en cautiverio	туткунда болуу	tutkunda boluu
caer prisionero	туткунга түшүү	tutkunga tyʃyy

campo (m) de concentración	концлагерь	kontslagerʲ
prisionero (m)	туткун	tutkun
escapar (de cautiverio)	качуу	katʃuu

traicionar (vt)	кыянаттык кылуу	kıjanattık kıluu
traidor (m)	чыккынчы	tʃıkkıntʃı
traición (f)	чыккынчылык	tʃıkkıntʃılık

| fusilar (vt) | атып өлтүрүү | atıp öltyryy |
| fusilamiento (m) | атып өлтүрүү | atıp öltyryy |

equipo (m) (uniforme, etc.)	аскер кийими	asker kijimi
hombrera (f)	погон	pogon
máscara (f) antigás	противогаз	protivogaz

radio transmisor (m)	рация	ratsija
cifra (f) (código)	шифр	ʃifr
conspiración (f)	жекеликте сактоо	dʒekelikte saktoo

contraseña (f)	сырсөз	sırsøz
mina (f) terrestre	мина	mina
minar (poner minas)	миналоо	minaloo
campo (m) minado	мина талаасы	mina talaası
alarma (f) aérea	аба айгайы	aba ajgajı
alarma (f)	айгай	ajgaj
señal (f)	сигнал	signal
cohete (m) de señales	сигнал ракетасы	signal raketası
estado (m) mayor	штаб	ʃtab
reconocimiento (m)	чалгын	tʃalgın
situación (f)	кырдаал	kırdaal
informe (m)	рапорт	raport
emboscada (f)	буктурма	bukturma
refuerzo (m)	кошумча күч	koʃumtʃa kytʃ
blanco (m)	бута	buta
terreno (m) de prueba	полигон	poligon
maniobras (f pl)	манервлер	manervler
pánico (m)	дүрбөлөң	dyrbøløŋ
devastación (f)	кыйроо	kıjroo
destrucciones (f pl)	кыйроо	kıjroo
destruir (vt)	кыйратуу	kıjratuu
sobrevivir (vi, vt)	тирүү калуу	tiryy kaluu
desarmar (vt)	куралсыздандыруу	kuralsızdandıruu
manejar (un arma)	мамиле кылуу	mamile kıluu
¡Firmes!	Түз тур!	tyz tur!
¡Descanso!	Эркин!	erkin!
hazaña (f)	эрдик	erdik
juramento (m)	ант	ant
jurar (vt)	ант берүү	ant beryy
condecoración (f)	сыйлык	sıjlık
condecorar (vt)	сыйлоо	sıjloo
medalla (f)	медаль	medalʲ
orden (f) (~ de Merito)	орден	orden
victoria (f)	жеңиш	dʒeŋiʃ
derrota (f)	жеңилүү	dʒeŋilyy
armisticio (m)	жарашуу	dʒaraʃuu
bandera (f)	байрак	bajrak
gloria (f)	даңк	daŋk
desfile (m) militar	парад	parad
marchar (desfilar)	маршта басуу	marʃta basuu

114. Las armas

arma (f)	курал	kural
arma (f) de fuego	курал жарак	kural dʒarak

arma (f) blanca	атылбас курал	atılbas kural
arma (f) química	химиялык курал	ximijalık kural
nuclear (adj)	ядерлүү	jaderlyy
arma (f) nuclear	ядерлүү курал	jaderlyy kural
bomba (f)	бомба	bomba
bomba (f) atómica	атом бомбасы	atom bombası
pistola (f)	тапанча	tapantʃa
fusil (m)	мылтык	mıltık
metralleta (f)	автомат	avtomat
ametralladora (f)	пулемёт	pulemʲot
boca (f)	мылтыктын оозу	mıltıktın oozu
cañón (m) (del arma)	ствол	stvol
calibre (m)	калибр	kalibr
gatillo (m)	курок	kurok
alza (f)	кароолго алуу	karoolgo aluu
cargador (m)	магазин	magazin
culata (f)	кундак	kyndak
granada (f) de mano	граната	granata
explosivo (m)	жарылуучу зат	dʒarıluutʃu zat
bala (f)	ок	ok
cartucho (m)	патрон	patron
carga (f)	дүрмөк	dyrmøk
pertrechos (m pl)	ок-дары	ok-darı
bombardero (m)	бомбалоочу	bombalootʃu
avión (m) de caza	кыйраткыч учак	kıjratkıtʃ utʃak
helicóptero (m)	вертолёт	vertolʲot
antiaéreo (m)	зенитка	zenitka
tanque (m)	танк	tank
cañón (m) (de un tanque)	замбирек	zambirek
artillería (f)	артиллерия	artillerija
cañón (m) (arma)	замбирек	zambirek
dirigir (un misil, etc.)	мээлөө	meeløø
obús (m)	снаряд	snarʲad
bomba (f) de mortero	мина	mina
mortero (m)	миномёт	minomʲot
trozo (m) de obús	сыныктар	sınıktar
submarino (m)	суу астында жүрүүчү кеме	suu astında dʒyryytʃy keme
torpedo (m)	торпеда	torpeda
misil (m)	ракета	raketa
cargar (pistola)	октоо	oktoo
tirar (vi)	атуу	atuu
apuntar a ...	мээлөө	meeløø
bayoneta (f)	найза	najza

espada (f) (duelo a ~)	шпага	ʃpaga
sable (m)	кылыч	kılıtʃ
lanza (f)	найза	najza
arco (m)	жаа	dʒaa
flecha (f)	жебе	dʒebe
mosquete (m)	мушкет	muʃket
ballesta (f)	арбалет	arbalet

115. Los pueblos antiguos

primitivo (adj)	алгачкы	algatʃkı
prehistórico (adj)	тарыхтан илгери	tarıxtan ilgeri
antiguo (adj)	байыркы	bajırkı
Edad (f) de Piedra	Таш доору	taʃ dooru
Edad (f) de Bronce	Коло доору	kolo dooru
Edad (f) de Hielo	Муз доору	muz dooru
tribu (f)	уруу	uruu
caníbal (m)	адам жегич	adam dʒegitʃ
cazador (m)	аңчы	aŋtʃı
cazar (vi, vt)	аңчылык кылуу	aŋtʃılık kıluu
mamut (m)	мамонт	mamont
caverna (f)	үңкүр	yŋkyr
fuego (m)	от	ot
hoguera (f)	от	ot
pintura (f) rupestre	ташка чегерилген сүрөт	taʃka tʃegerilgen syrøt
útil (m)	эмгек куралы	emgek kuralı
lanza (f)	найза	najza
hacha (f) de piedra	таш балта	taʃ balta
estar en guerra	согушуу	soguʃuu
domesticar (vt)	колго көндүрүү	kolgo køndyryy
ídolo (m)	бут	but
adorar (vt)	сыйынуу	sıjınuu
superstición (f)	жок нерсеге ишенүү	dʒok nersege iʃenyy
rito (m)	ырым-жырым	ırım-dʒırım
evolución (f)	эволюция	evolʉtsija
desarrollo (m)	өнүгүү	ønygyy
desaparición (f)	жок болуу	dʒok boluu
adaptarse (vr)	ылайыкташуу	ılajıktaʃuu
arqueología (f)	археология	arxeologija
arqueólogo (m)	археолог	arxeolog
arqueológico (adj)	археологиялык	arxeologijalık
sitio (m) de excavación	казуу жери	kazuu dʒeri
excavaciones (f pl)	казуу иштери	kazuu iʃteri
hallazgo (m)	табылга	tabılga
fragmento (m)	фрагмент	fragment

116. La edad media

pueblo (m)	эл	el
pueblos (m pl)	элдер	elder
tribu (f)	уруу	uruu
tribus (f pl)	уруулар	uruular
bárbaros (m pl)	варварлар	varvarlar
galos (m pl)	галлдар	galldar
godos (m pl)	готтор	gottor
eslavos (m pl)	славяндар	slavʲandar
vikingos (m pl)	викингдер	vikingder
romanos (m pl)	римдиктер	rimdikter
romano (adj)	римдик	rimdik
bizantinos (m pl)	византиялыктар	vizantijalıktar
Bizancio (m)	Византия	vizantija
bizantino (adj)	византиялык	vizantijalık
emperador (m)	император	imperator
jefe (m)	башчы	baʃtʃı
poderoso (adj)	кудуреттүү	kudurettyy
rey (m)	король, падыша	korolʲ, padıʃa
gobernador (m)	башкаруучу	baʃkaruutʃu
caballero (m)	рыцарь	rıtsarʲ
señor (m) feudal	феодал	feodal
feudal (adj)	феодалдуу	feodalduu
vasallo (m)	вассал	vassal
duque (m)	герцог	gertsog
conde (m)	граф	graf
barón (m)	барон	baron
obispo (m)	епископ	episkop
armadura (f)	курал жана соот-шайман	kural dʒana soot-ʃajman
escudo (m)	калкан	kalkan
espada (f) (danza de ~s)	кылыч	kılıtʃ
visera (f)	туулганын бет калканы	tuulganın bet kalkanı
cota (f) de malla	зоот	zoot
cruzada (f)	крест астындагы черүү	krest astındagı tʃeryy
cruzado (m)	черүүгө чыгуучу	tʃeryygø tʃıguutʃu
territorio (m)	аймак	ajmak
atacar (~ a un país)	кол салуу	kol saluu
conquistar (vt)	ээ болуу	ee boluu
ocupar (invadir)	басып алуу	basıp aluu
asedio (m), sitio (m)	тегеректеп курчоо	tegerektep kurtʃoo
sitiado (adj)	курчалган	kurtʃalgan
asediar, sitiar (vt)	курчоого алуу	kurtʃoogo aluu
inquisición (f)	инквизиция	inkvizitsija
inquisidor (m)	инквизитор	inkvizitor

tortura (f)	кыйноо	kıjnoo
cruel (adj)	ырайымсыз	ırajımsız
hereje (m)	еретик	eretik
herejía (f)	ересь	eresʲ

navegación (f) marítima	деңизде сүзүү	deŋizde syzyy
pirata (m)	деңиз каракчысы	deŋiz karaktʃısı
piratería (f)	деңиз каракчылыгы	deŋiz karaktʃılıgı
abordaje (m)	абордаж	abordadʒ
botín (m)	олжо	oldʒo
tesoros (m pl)	казына	kazına

descubrimiento (m)	ачылыш	atʃılıʃ
descubrir (tierras nuevas)	таап ачуу	taap atʃuu
expedición (f)	экспедиция	ekspeditsija

mosquetero (m)	мушкетёр	muʃketʲor
cardenal (m)	кардинал	kardinal
heráldica (f)	геральдика	geralʲdika
heráldico (adj)	гералдык	geraldık

117. El líder. El jefe. Las autoridades

rey (m)	король, падыша	korolʲ, padıʃa
reina (f)	ханыша	χanıʃa
real (adj)	падышалык	padıʃalık
reino (m)	падышалык	padıʃalık

príncipe (m)	канзаада	kanzaada
princesa (f)	ханбийке	χanbijke

presidente (m)	президент	prezident
vicepresidente (m)	вице-президент	vitse-prezident
senador (m)	сенатор	senator

monarca (m)	монарх	monarχ
gobernador (m)	башкаруучу	baʃkaruutʃu
dictador (m)	диктатор	diktator
tirano (m)	зулум	zulum
magnate (m)	магнат	magnat

director (m)	директор	direktor
jefe (m)	башчы	baʃtʃı
gerente (m)	башкаруучу	baʃkaruutʃu
amo (m)	шеф	ʃef
dueño (m)	кожоюн	kodʒodʒun

jefe (m), líder (m)	алдыңкы катардагы	aldıŋkı katardagı
jefe (m) (~ de delegación)	башчы	baʃtʃı
autoridades (f pl)	бийликтер	bijlikter
superiores (m pl)	башчылар	baʃtʃılar

gobernador (m)	губернатор	gubernator
cónsul (m)	консул	konsul

diplomático (m)	дипломат	diplomat
alcalde (m)	мэр	mer
sheriff (m)	шериф	ʃerif

emperador (m)	император	imperator
zar (m)	падыша	padıʃa
faraón (m)	фараон	faraon
jan (m), kan (m)	хан	χan

118. Violar la ley. Los criminales. Unidad 1

bandido (m)	ууру-кески	uuru-keski
crimen (m)	кылмыш	kılmıʃ
criminal (m)	кылмышкер	kılmıʃker

ladrón (m)	ууру	uuru
robar (vt)	уурдоо	uurdoo
robo (m) (actividad)	уруулук	uruuluk
robo (m) (hurto)	уурдоо	uurdoo

secuestrar (vt)	ала качуу	ala katʃuu
secuestro (m)	ала качуу	ala katʃuu
secuestrador (m)	ала качуучу	ala katʃuutʃu

rescate (m)	кутказуу акчасы	kutkazuu aktʃası
exigir un rescate	кутказуу акчага талап коюу	kutkazuu aktʃaga talap kojuu

robar (vt)	тоноо	tonoo
robo (m)	тоноо	tonoo
atracador (m)	тоноочу	tonootʃu

extorsionar (vt)	опузалоо	opuzaloo
extorsionista (m)	опузалоочу	opuzalootʃu
extorsión (f)	опуза	opuza

matar, asesinar (vt)	өлтүрүү	øltyryy
asesinato (m)	өлтүрүү	øltyryy
asesino (m)	киши өлтүргүч	kiʃi øltyrgytʃ

tiro (m), disparo (m)	атылуу	atıluu
disparar (vi)	атуу	atuu
matar (a tiros)	атып салуу	atıp saluu
tirar (vi)	атуу	atuu
tiroteo (m)	атышуу	atıʃuu

incidente (m)	окуя	okuja
pelea (f)	уруш	uruʃ
¡Socorro!	Жардамга!	dʒardamga!
víctima (f)	жапа чеккен	dʒapa tʃekken

perjudicar (vt)	зыян келтирүү	zıjan keltiryy
daño (m)	залал	zalal
cadáver (m)	өлүк	ølyk

grave (un delito ~)	оор	oor
atacar (vt)	кол салуу	kol saluu
pegar (golpear)	уруу	uruu
apporear (vt)	ур-токмокко алуу	ur-tokmokko aluu
quitar (robar)	тартып алуу	tartıp aluu
acuchillar (vt)	союп өлтүрүү	sojup øltyryy
mutilar (vt)	майып кылуу	majıp kıluu
herir (vt)	жарадар кылуу	dʒaradar kıluu
chantaje (m)	шантаж кылуу	ʃantadʒ kıluu
hacer chantaje	шантаждоо	ʃantadʒdoo
chantajista (m)	шантажист	ʃantadʒist
extorsión (f)	рэкет	reket
extorsionador (m)	рэкетир	reketir
gángster (m)	гангстер	gangster
mafia (f)	мафия	mafija
carterista (m)	чөнтөк ууру	tʃøntøk uuru
ladrón (m) de viviendas	бузуп алуучу ууру	buzup aluutʃu uuru
contrabandismo (m)	контрабанда	kontrabanda
contrabandista (m)	контрабандачы	kontrabandatʃı
falsificación (f)	окшотуп жасоо	okʃotup dʒasoo
falsificar (vt)	жасалмалоо	dʒasalmaloo
falso (falsificado)	жасалма	dʒasalma

119. Violar la ley. Los criminales. Unidad 2

violación (f)	зордуктоо	zorduktoo
violar (vt)	зордуктоо	zorduktoo
violador (m)	зордукчул	zorduktʃul
maníaco (m)	маньяк	manjak
prostituta (f)	сойку	sojku
prostitución (f)	сойкучулук	sojkutʃuluk
chulo (m), proxeneta (m)	жак бакты	dʒak baktı
drogadicto (m)	баңги	baŋgi
narcotraficante (m)	баңгизат сатуучу	baŋgizat satuutʃu
hacer explotar	жардыруу	dʒardıruu
explosión (f)	жарылуу	dʒarıluu
incendiar (vt)	өрттөө	ørttøø
incendiario (m)	өрттөөчү	ørttøøtʃy
terrorismo (m)	терроризм	terrorizm
terrorista (m)	террорист	terrorist
rehén (m)	заложник	zalodʒnik
estafar (vt)	алдоо	aldoo
estafa (f)	алдамчылык	aldamtʃılık
estafador (m)	алдамчы	aldamtʃı
sobornar (vt)	сатып алуу	satıp aluu

| soborno (m) (delito) | сатып алуу | satıp aluu |
| soborno (m) (dinero, etc.) | пара | para |

veneno (m)	уу	uu
envenenar (vt)	ууландыруу	uulandıruu
envenenarse (vr)	ууланyy	uulanuu

| suicidio (m) | жанын кыюу | dʒanın kıdʒʉu |
| suicida (m, f) | жанын кыйгыч | dʒanın kıjgıtʃ |

amenazar (vt)	коркутуу	korkutuu
amenaza (f)	коркунуч	korkunutʃ
atentar (vi)	кол салуу	kol saluu
atentado (m)	кол салуу	kol saluu

| robar (un coche) | айдап кетүү | ajdap ketyy |
| secuestrar (un avión) | ала качуу | ala katʃuu |

| venganza (f) | кек | kek |
| vengar (vt) | өч алуу | øtʃ aluu |

torturar (vt)	кыйноо	kıjnoo
tortura (f)	кыйноо	kıjnoo
atormentar (vt)	азапка салуу	azapka saluu

pirata (m)	деңиз каракчысы	deŋiz karaktʃısı
gamberro (m)	бейбаш	bejbaʃ
armado (adj)	куралданган	kuraldangan
violencia (f)	зордук	zorduk
ilegal (adj)	мыйзамдан тыш	mıjzamdan tıʃ

| espionaje (m) | тыңчылык | tıŋtʃılık |
| espiar (vi, vt) | тыңчылык кылуу | tıŋtʃılık kıluu |

120. La policía. La ley. Unidad 1

| justicia (f) | адилеттүү сот | adilettyy sot |
| tribunal (m) | сот | sot |

juez (m)	сот	sot
jurados (m pl)	сот калыстары	sot kalıstarı
tribunal (m) de jurados	калыстар соту	kalıstar sotu
juzgar (vt)	сотко тартуу	sotko tartuu

abogado (m)	жактоочу	dʒaktootʃu
acusado (m)	сот жообуна тартылган киши	sot dʒoobuna tartılgan kiʃi
banquillo (m) de los acusados	соттуулар отуруучу орун	sottuular oturuutʃu orun

| inculpación (f) | айыптоо | ajıptoo |
| inculpado (m) | айыпталуучу | ajıptaluutʃu |

| sentencia (f) | өкүм | økym |
| sentenciar (vt) | өкүм чыгаруу | økym tʃıgaruu |

culpable (m)	күнөөкөр	kynøøkør
castigar (vt)	жазалоо	dʒazaloo
castigo (m)	жаза	dʒaza
multa (f)	айып	ajıp
cadena (f) perpetua	өмүр бою	ømyr bojʉ
pena (f) de muerte	өлүм жазасы	ølym dʒazası
silla (f) eléctrica	электр столу	elektr stolu
horca (f)	дарга	darga
ejecutar (vt)	өлүм жазасын аткаруу	ølym dʒazasın atkaruu
ejecución (f)	өлүм жазасын аткаруу	ølym dʒazasın atkaruu
prisión (f)	түрмө	tyrmø
celda (f)	камера	kamera
escolta (f)	конвой	konvoj
guardia (m) de prisiones	түрмө сакчысы	tyrmø saktʃısı
prisionero (m)	камактагы адам	kamaktagı adam
esposas (f pl)	кишен	kiʃen
esposar (vt)	кишен кийгизүү	kiʃen kijgizyy
escape (m)	качуу	katʃuu
escaparse (vr)	качуу	katʃuu
desaparecer (vi)	жоголуп кетүү	dʒogolup ketyy
liberar (vt)	бошотуу	boʃotuu
amnistía (f)	амнистия	amnistija
policía (f) (~ nacional)	полиция	politsija
policía (m)	полиция кызматкери	politsija kızmatkeri
comisaría (f) de policía	полиция бөлүмү	politsija bølymy
porra (f)	резина союлчасы	rezina sojʉltʃası
megáfono (m)	керней	kernej
coche (m) patrulla	жол күзөт машинасы	dʒol kyzøt maʃinası
sirena (f)	сирена	sirena
poner la sirena	сиренаны басуу	sirenanı basuu
canto (m) de la sirena	сиренанын боздошу	sirenanın bozdoʃu
escena (f) del delito	кылмыш болгон жер	kılmıʃ bolgon dʒer
testigo (m)	күбө	kybø
libertad (f)	эркиндик	erkindik
cómplice (m)	шерик	ʃerik
escapar de …	из жашыруу	iz dʒaʃıruu
rastro (m)	из	iz

121. La policía. La ley. Unidad 2

búsqueda (f)	издөө	izdøø
buscar (~ el criminal)	… издөө	… izdøø
sospecha (f)	шек	ʃek
sospechoso (adj)	шектүү	ʃektyy
parar (~ en la calle)	токтотуу	toktotuu

retener (vt)	кармоо	karmoo
causa (f) (~ penal)	иш	iʃ
investigación (f)	териштирүү	teriʃtiryy
detective (m)	аңдуучу	aŋduutʃu
investigador (m)	тергөөчү	tergøøtʃy
versión (f)	жоромол	dʒoromol
motivo (m)	себеп	sebep
interrogatorio (m)	сурак	surak
interrogar (vt)	суракка алуу	surakka aluu
interrogar (al testigo)	сураштыруу	suraʃtıruu
control (m) (de vehículos, etc.)	текшерүү	tekʃeryy
redada (f)	тегеректөө	tegerektøø
registro (m) (~ de la casa)	тинтүү	tintyy
persecución (f)	куу	kuu
perseguir (vt)	изине түшүү	izine tyʃyy
rastrear (~ al criminal)	изине түшүү	izine tyʃyy
arresto (m)	камак	kamak
arrestar (vt)	камакка алуу	kamakka aluu
capturar (vt)	кармоо	karmoo
captura (f)	колго түшүрүү	kolgo tyʃyryy
documento (m)	документ	dokument
prueba (f)	далил	dalil
probar (vt)	далилдөө	dalildøø
huella (f) (pisada)	из	iz
huellas (f pl) digitales	манжанын изи	mandʒanın izi
elemento (m) de prueba	далил	dalil
coartada (f)	алиби	alibi
inocente (no culpable)	бейкүнөө	bejkynøø
injusticia (f)	адилетсиздик	adiletsizdik
injusto (adj)	адилетсиз	adiletsiz
criminal (adj)	кылмыштуу	kılmıʃtuu
confiscar (vt)	тартып алуу	tartıp aluu
narcótico (f)	баңгизат	baŋgizat
arma (f)	курал	kural
desarmar (vt)	куралсыздандыруу	kuralsızdandıruu
ordenar (vt)	буйрук берүү	bujruk beryy
desaparecer (vi)	жоголуп кетүү	dʒogolup ketyy
ley (f)	мыйзам	mıjzam
legal (adj)	мыйзамдуу	mıjzamduu
ilegal (adj)	мыйзамдан тыш	mıjzamdan tıʃ
responsabilidad (f)	жоопкерчилик	dʒoopkertʃilik
responsable (adj)	жоопкерчиликтүү	dʒoopkertʃiliktyy

LA NATURALEZA

La tierra. Unidad 1

122. El espacio

cosmos (m)	космос	kosmos
espacial, cósmico (adj)	космос	kosmos
espacio (m) cósmico	космос мейкиндиги	kosmos mejkindigi
mundo (m)	дүйнө	dyjnø
universo (m)	аалам	aalam
galaxia (f)	галактика	galaktika
estrella (f)	жылдыз	dʒıldız
constelación (f)	жылдыздар	dʒıldızdar
planeta (m)	планета	planeta
satélite (m)	жолдош	dʒoldoʃ
meteorito (m)	метеорит	meteorit
cometa (f)	комета	kometa
asteroide (m)	астероид	asteroid
órbita (f)	орбита	orbita
girar (vi)	айлануу	ajlanuu
atmósfera (f)	атмосфера	atmosfera
Sol (m)	күн	kyn
Sistema (m) Solar	күн системасы	kyn sistemasɪ
eclipse (m) de Sol	күндүн тутулушу	kyndyn tutuluʃu
Tierra (f)	Жер	dʒer
Luna (f)	Ай	aj
Marte (m)	Марс	mars
Venus (f)	Венера	venera
Júpiter (m)	Юпитер	jʉpiter
Saturno (m)	Сатурн	saturn
Mercurio (m)	Меркурий	merkurij
Urano (m)	Уран	uran
Neptuno (m)	Нептун	neptun
Plutón (m)	Плутон	pluton
la Vía Láctea	Саманчынын жолу	samantʃɪnɪn dʒolu
la Osa Mayor	Чоң Жетиген	tʃoŋ dʒetigen
la Estrella Polar	Полярдык Жылдыз	polʲardık dʒıldız
marciano (m)	марсианин	marsianin
extraterrestre (m)	инопланетянин	inoplanetʲanin

planetícola (m)	келгин	kelgin
platillo (m) volante	учуучу табак	utʃuutʃu tabak
nave (f) espacial	космос кемеси	kosmos kemesi
estación (f) orbital	орбитадагы станция	orbitadagı stantsija
despegue (m)	старт	start
motor (m)	кыймылдаткыч	kıjmıldatkıtʃ
tobera (f)	сопло	soplo
combustible (m)	күйүүчү май	kyjyytʃy may
carlinga (f)	кабина	kabina
antena (f)	антенна	antenna
ventana (f)	иллюминатор	illuminator
batería (f) solar	күн батареясы	kyn batarejası
escafandra (f)	скафандр	skafandr
ingravidez (f)	салмаксыздык	salmaksızdık
oxígeno (m)	кислород	kislorod
atraque (m)	жалгаштыруу	dʒalgaʃtıruu
realizar el atraque	жалгаштыруу	dʒalgaʃtıruu
observatorio (m)	обсерватория	observatorija
telescopio (m)	телескоп	teleskop
observar (vt)	байкоо	bajkoo
explorar (~ el universo)	изилдөө	izildøø

123. La tierra

Tierra (f)	Жер	dʒer
globo (m) terrestre	жер шары	dʒer ʃarı
planeta (m)	планета	planeta
atmósfera (f)	атмосфера	atmosfera
geografía (f)	география	geografija
naturaleza (f)	табийгат	tabijgat
globo (m) terráqueo	глобус	globus
mapa (m)	карта	karta
atlas (m)	атлас	atlas
Europa (f)	Европа	evropa
Asia (f)	Азия	azija
África (f)	Африка	afrika
Australia (f)	Австралия	avstralija
América (f)	Америка	amerika
América (f) del Norte	Северная Америка	severnaja amerika
América (f) del Sur	Южная Америка	judʒnaja amerika
Antártida (f)	Антарктида	antarktida
Ártico (m)	Арктика	arktika

124. Los puntos cardinales

norte (m)	түндүк	tyndyk
al norte	түндүккө	tyndykkø
en el norte	түндүктө	tyndyktø
del norte (adj)	түндүк	tyndyk
sur (m)	түштүк	tyʃtyk
al sur	түштүккө	tyʃtykkø
en el sur	түштүктө	tyʃtyktø
del sur (adj)	түштүк	tyʃtyk
oeste (m)	батыш	batıʃ
al oeste	батышка	batıʃka
en el oeste	батышта	batıʃta
del oeste (adj)	батыш	batıʃ
este (m)	чыгыш	ʧıgıʃ
al este	чыгышка	ʧıgıʃka
en el este	чыгышта	ʧıgıʃta
del este (adj)	чыгыш	ʧıgıʃ

125. El mar. El océano

mar (m)	деңиз	deŋiz
océano (m)	мухит	muχit
golfo (m)	булуң	buluŋ
estrecho (m)	кысык	kısık
tierra (f) firme	жер	dʒer
continente (m)	материк	materik
isla (f)	арал	aral
península (f)	жарым арал	dʒarım aral
archipiélago (m)	архипелаг	arχipelag
bahía (f)	булуң	buluŋ
puerto (m)	гавань	gavanʲ
laguna (f)	лагуна	laguna
cabo (m)	тумшук	tumʃuk
atolón (m)	атолл	atoll
arrecife (m)	риф	rif
coral (m)	маржан	mardʒan
arrecife (m) de coral	маржан рифи	mardʒan rifi
profundo (adj)	терең	tereŋ
profundidad (f)	терендик	tereŋdik
abismo (m)	түбү жок	tyby dʒok
fosa (f) oceánica	ойдуң	ojduŋ
corriente (f)	агым	agım
bañar (rodear)	курчап туруу	kurtʃap turuu

orilla (f)	жээк	dʒeek
costa (f)	жээк	dʒeek

flujo (m)	суунун көтөрүлүшү	suunun køtørylyʃy
reflujo (m)	суунун тартылуусу	suunun tartıluusu
banco (m) de arena	тайыздык	tajızdık
fondo (m)	суунун түбү	suunun tyby

ola (f)	толкун	tolkun
cresta (f) de la ola	толкундун кыры	tolkundun kırı
espuma (f)	көбүк	købyk

tempestad (f)	бороон чапкын	boroon tʃapkın
huracán (m)	бороон	boroon
tsunami (m)	цунами	tsunami
bonanza (f)	штиль	ʃtilʲ
calmo, tranquilo	тынч	tıntʃ

polo (m)	уюл	ujʉl
polar (adj)	полярдык	polʲardık

latitud (f)	кендик	keŋdik
longitud (f)	узундук	uzunduk
paralelo (m)	параллель	parallelʲ
ecuador (m)	экватор	ekvator

cielo (m)	асман	asman
horizonte (m)	горизонт	gorizont
aire (m)	аба	aba

faro (m)	маяк	majak
bucear (vi)	сүңгүү	syŋgyy
hundirse (vr)	чөгүп кетүү	tʃøgyp ketyy
tesoros (m pl)	казына	kazına

126. Los nombres de los mares y los océanos

océano (m) Atlántico	Атлантика мухити	atlantika muχiti
océano (m) Índico	Индия мухити	indija muχiti
océano (m) Pacífico	Тынч мухити	tıntʃ muχiti
océano (m) Glacial Ártico	Түндүк Муз мухити	tyndyk muz muχiti

mar (m) Negro	Кара деңиз	kara deŋiz
mar (m) Rojo	Кызыл деңиз	kızıl deŋiz
mar (m) Amarillo	Сары деңиз	sarı deŋiz
mar (m) Blanco	Ак деңиз	ak deŋiz

mar (m) Caspio	Каспий деңизи	kaspij deŋizi
mar (m) Muerto	Өлүк деңиз	ølyk deŋiz
mar (m) Mediterráneo	Жер Ортолук деңиз	dʒer ortoluk deŋiz

mar (m) Egeo	Эгей деңизи	egej deŋizi
mar (m) Adriático	Адриатика деңизи	adriatika deŋizi
mar (m) Arábigo	Аравия деңизи	aravija deŋizi

mar (m) del Japón	Япон деңизи	japon deŋizi
mar (m) de Bering	Беринг деңизи	bering deŋizi
mar (m) de la China Meridional	Түштүк-Кытай деңизи	tyʃtyk-kıtaj deŋizi

mar (m) del Coral	Маржан деңизи	mardʒan deŋizi
mar (m) de Tasmania	Тасман деңизи	tasman deŋizi
mar (m) Caribe	Кариб деңизи	karib deŋizi

mar (m) de Barents	Баренц деңизи	barents deŋizi
mar (m) de Kara	Карск деңизи	karsk deŋizi

mar (m) del Norte	Түндүк деңиз	tyndyk deŋiz
mar (m) Báltico	Балтика деңизи	baltika deŋizi
mar (m) de Noruega	Норвегиялык деңизи	norvegijalık deŋizi

127. Las montañas

montaña (f)	тоо	too
cadena (f) de montañas	тоо тизмеги	too tizmegi
cresta (f) de montañas	тоо кыркалары	too kırkaları

cima (f)	чоку	tʃoku
pico (m)	чоку	tʃoku
pie (m)	тоо этеги	too etegi
cuesta (f)	эңкейиш	eŋkejiʃ

volcán (m)	вулкан	vulkan
volcán (m) activo	күйүп жаткан	kyjyp dʒatkan
volcán (m) apagado	өчүп калган вулкан	øtʃyp kalgan vulkan

erupción (f)	атырылып чыгуу	atırılıp tʃıguu
cráter (m)	кратер	krater
magma (f)	магма	magma
lava (f)	лава	lava
fundido (lava ~a)	кызыган	kızıgan

cañón (m)	каньон	kanʲon
desfiladero (m)	капчыгай	kaptʃıgaj
grieta (f)	жарака	dʒaraka
precipicio (m)	жар	dʒar

puerto (m) (paso)	ашуу	aʃuu
meseta (f)	дөңсөө	døŋsøø
roca (f)	зоока	zooka
colina (f)	дөбө	døbø

glaciar (m)	муз	muz
cascada (f)	шаркыратма	ʃarkıratma
geiser (m)	гейзер	gejzer
lago (m)	көл	køl

llanura (f)	түздүк	tyzdyk
paisaje (m)	теребел	terebel

eco (m)	жаңырык	dʒaŋɯrɯk
alpinista (m)	альпинист	alʲpinist
escalador (m)	скалолаз	skalolaz
conquistar (vt)	багындыруу	bagɯndɯruu
ascensión (f)	тоонун чокусуна чыгуу	toonun tʃokusuna tʃɯguu

128. Los nombres de las montañas

Alpes (m pl)	Альп тоолору	alʲp tooloru
Montblanc (m)	Монблан	monblan
Pirineos (m pl)	Пиреней тоолору	pirenej tooloru
Cárpatos (m pl)	Карпат тоолору	karpat tooloru
Urales (m pl)	Урал тоолору	ural tooloru
Cáucaso (m)	Кавказ тоолору	kavkaz tooloru
Elbrus (m)	Эльбрус	elʲbrus
Altai (m)	Алтай тоолору	altaj tooloru
Tian-Shan (m)	Тянь-Шань	tjanʲ-ʃanʲ
Pamir (m)	Памир тоолору	pamir tooloru
Himalayos (m pl)	Гималай тоолору	gimalaj tooloru
Everest (m)	Эверест	everest
Andes (m pl)	Анд тоолору	and tooloru
Kilimanjaro (m)	Килиманджаро	kilimandʒaro

129. Los ríos

río (m)	дарыя	darɯja
manantial (m)	булак	bulak
lecho (m) (curso de agua)	сай	saj
cuenca (f) fluvial	бассейн	bassejn
desembocar en …	… куюу	… kujʉu
afluente (m)	куйма	kujma
ribera (f)	жээк	dʒeek
corriente (f)	агым	agɯm
río abajo (adv)	агым боюнча	agɯm bojʉntʃa
río arriba (adv)	агымга каршы	agɯmga karʃɯ
inundación (f)	ташкын	taʃkɯn
riada (f)	суу ташкыны	suu taʃkɯnɯ
desbordarse (vr)	дайранын ташышы	dajranɯn taʃɯʃɯ
inundar (vt)	суу каптоо	suu kaptoo
bajo (m) arenoso	тайыздык	tajɯzdɯk
rápido (m)	босого	bosogo
presa (f)	тогоон	togoon
canal (m)	канал	kanal
lago (m) artificiale	суу сактагыч	suu saktagɯtʃ

esclusa (f)	шлюз	ʃluz
cuerpo (m) de agua	көлмө	kølmø
pantano (m)	саз	saz
ciénaga (m)	баткак	batkak
remolino (m)	айлампа	ajlampa
arroyo (m)	суу	suu
potable (adj)	ичилчү суу	iʧilʧy suu
dulce (agua ~)	тузсуз	tuzsuz
hielo (m)	муз	muz
helarse (el lago, etc.)	тоңуп калуу	toŋup kaluu

130. Los nombres de los ríos

Sena (m)	Сена	sena
Loira (m)	Луара	luara
Támesis (m)	Темза	temza
Rin (m)	Рейн	rejn
Danubio (m)	Дунай	dunaj
Volga (m)	Волга	volga
Don (m)	Дон	don
Lena (m)	Лена	lena
Río (m) Amarillo	Хуанхэ	χuanχe
Río (m) Azul	Янцзы	janʦzı
Mekong (m)	Меконг	mekong
Ganges (m)	Ганг	gang
Nilo (m)	Нил	nil
Congo (m)	Конго	kongo
Okavango (m)	Окаванго	okavango
Zambeze (m)	Замбези	zambezi
Limpopo (m)	Лимпопо	limpopo
Misisipí (m)	Миссисипи	missisipi

131. El bosque

bosque (m)	токой	tokoj
de bosque (adj)	токойлуу	tokojluu
espesura (f)	чытырман токой	ʧıtırman tokoj
bosquecillo (m)	токойчо	tokojʧo
claro (m)	аянт	ajant
maleza (f)	бадал	badal
matorral (m)	бадал	badal
senda (f)	чыйыр жол	ʧıjır dʒol
barranco (m)	жар	dʒar

árbol (m)	дарак	darak
hoja (f)	жалбырак	dʒalbırak
follaje (m)	жалбырак	dʒalbırak

caída (f) de hojas	жалбырак түшүү мезгили	dʒalbırak tyʃyy mezgili
caer (las hojas)	түшүү	tyʃyy
cima (f)	чоку	tʃoku

rama (f)	бутак	butak
rama (f) (gruesa)	бутак	butak
brote (m)	бүчүр	bytʃyr
aguja (f)	ийне	ijne
piña (f)	тобурчак	toburtʃak

agujero (m)	кеңдей	køŋdøj
nido (m)	уя	uja
madriguera (f)	ийин	ijin

tronco (m)	сеңгек	søŋgøk
raíz (f)	тамыр	tamır
corteza (f)	кыртыш	kırtıʃ
musgo (m)	мох	moχ

extirpar (vt)	дымырын казуу	dymyryn kazuu
talar (vt)	кыюу	kıjuu
deforestar (vt)	токойду кыюу	tokojdu kıjuu
tocón (m)	дымыр	dymyr

hoguera (f)	от	ot
incendio (m)	өрт	ørt
apagar (~ el incendio)	өчүрүү	øtʃyryy

guarda (m) forestal	токойчу	tokojtʃu
protección (f)	өсүмдүктөрдү коргоо	øsymdyktørdy korgoo
proteger (vt)	сактоо	saktoo
cazador (m) furtivo	браконьер	brakonjer
cepo (m)	капкан	kapkan

recoger (setas)	терүү	teryy
recoger (bayas)	терүү	teryy
perderse (vr)	адашып кетүү	adaʃıp ketyy

132. Los recursos naturales

recursos (m pl) naturales	жаратылыш байлыктары	dʒaratılıʃ bajlıktarı
minerales (m pl)	пайдалуу кендер	pajdaluu kender
depósitos (m pl)	кен	ken
yacimiento (m)	кендүү жер	kendyy dʒer

extraer (vt)	казуу	kazuu
extracción (f)	казуу	kazuu
mineral (m)	кен	ken
mina (f)	шахта	ʃaχta
pozo (m) de mina	шахта	ʃaχta

minero (m)	кенчи	kentʃi
gas (m)	газ	gaz
gasoducto (m)	газопровод	gazoprovod
petróleo (m)	мунайзат	munajzat
oleoducto (m)	мунайзар түтүгү	munajzar tytygy
torre (f) petrolera	мунайзат скважинасы	munajzat skvadʒinasɪ
torre (f) de sondeo	мунайзат мунарасы	munajzat munarasɪ
petrolero (m)	танкер	tanker
arena (f)	кум	kum
caliza (f)	акиташ	akitaʃ
grava (f)	шагыл	ʃagɪl
turba (f)	торф	torf
arcilla (f)	ылай	ɪlaj
carbón (m)	көмүр	kømyr
hierro (m)	темир	temir
oro (m)	алтын	altɪn
plata (f)	күмүш	kymyʃ
níquel (m)	никель	nikelʲ
cobre (m)	жез	dʒez
zinc (m)	цинк	tsɪnk
manganeso (m)	марганец	marganets
mercurio (m)	сымап	sɪmap
plomo (m)	коргошун	korgoʃun
mineral (m)	минерал	mineral
cristal (m)	кристалл	kristall
mármol (m)	мрамор	mramor
uranio (m)	уран	uran

La tierra. Unidad 2

133. El tiempo

tiempo (m)	аба-ырайы	aba-ırajı
previsión (m) del tiempo	аба-ырайы боюнча маалымат	aba-ıraji bojʉntʃa maalımat
temperatura (f)	температура	temperatura
termómetro (m)	термометр	termometr
barómetro (m)	барометр	barometr
húmedo (adj)	нымдуу	nımduu
humedad (f)	ным	nım
bochorno (m)	ысык	ısık
tórrido (adj)	кыйын ысык	kıjın ısık
hace mucho calor	ысык	ısık
hace calor (templado)	жылуу	dʒıluu
templado (adj)	жылуу	dʒıluu
hace frío	суук	suuk
frío (adj)	суук	suuk
sol (m)	күн	kyn
brillar (vi)	күн тийүү	kyn tijyy
soleado (un día ~)	күн ачык	kyn atʃık
elevarse (el sol)	чыгуу	tʃıguu
ponerse (vr)	батуу	batuu
nube (f)	булут	bulut
nuboso (adj)	булуттуу	buluttuu
nubarrón (m)	булут	bulut
nublado (adj)	күн бүркөк	kyn byrkøk
lluvia (f)	жамгыр	dʒamgır
está lloviendo	жамгыр жаап жатат	dʒamgır dʒaap dʒatat
lluvioso (adj)	жаандуу	dʒaanduu
lloviznar (vi)	дыбыратуу	dıbıratuu
aguacero (m)	нөшөрлөгөн жаан	nøʃørløgøn dʒaan
chaparrón (m)	нөшөр	nøʃør
fuerte (la lluvia ~)	катуу	katuu
charco (m)	көлчүк	køltʃyk
mojarse (vr)	суу болуу	suu boluu
niebla (f)	туман	tuman
nebuloso (adj)	тумандуу	tumanduu
nieve (f)	кар	kar
está nevando	кар жаап жатат	kar dʒaap dʒatat

134. Los eventos climáticos severos. Los desastres naturales

tormenta (f)	чагылгандуу жаан	tʃagılganduu dʒaan
relámpago (m)	чагылган	tʃagılgan
relampaguear (vi)	жарк этүү	dʒark etyy
trueno (m)	күн күркүрөө	kyn kyrkyrøø
tronar (vi)	күн күркүрөө	kyn kyrkyrøø
está tronando	күн күркүрөп жатат	kyn kyrkyrøp dʒatat
granizo (m)	мөндүр	møndyr
está granizando	мөндүр түшүп жатат	møndyr tyʃyp dʒatat
inundar (vt)	суу каптоо	suu kaptoo
inundación (f)	ташкын	taʃkın
terremoto (m)	жер титирөө	dʒer titirøø
sacudida (f)	жердин силкиниши	dʒerdin silkiniʃi
epicentro (m)	эпицентр	epitsentr
erupción (f)	атырылып чыгуу	atırılıp tʃıguu
lava (f)	лава	lava
torbellino (m)	куюн	kujʉn
tornado (m)	торнадо	tornado
tifón (m)	тайфун	tajfun
huracán (m)	бороон	boroon
tempestad (f)	бороон чапкын	boroon tʃapkın
tsunami (m)	цунами	tsunami
ciclón (m)	циклон	tsıklon
mal tiempo (m)	жаан-чачындуу күн	dʒaan-tʃatʃınduu kyn
incendio (m)	өрт	ørt
catástrofe (f)	кыйроо	kıjroo
meteorito (m)	метеорит	meteorit
avalancha (f)	көчкү	køtʃky
alud (m) de nieve	кар көчкүсү	kar køtʃkysy
ventisca (f)	кар бороону	kar boroonu
nevasca (f)	бурганак	burganak

La fauna

135. Los mamíferos. Los predadores

carnívoro (m)	жырткыч	dʒɪrtkɪtʃ
tigre (m)	жолборс	dʒolbors
león (m)	арстан	arstan
lobo (m)	карышкыр	karıʃkır
zorro (m)	түлкү	tylky
jaguar (m)	ягуар	jaguar
leopardo (m)	леопард	leopard
guepardo (m)	гепард	gepard
pantera (f)	пантера	pantera
puma (f)	пума	puma
leopardo (m) de las nieves	илбирс	ilbirs
lince (m)	сүлөөсүн	syløøsyn
coyote (m)	койот	kojot
chacal (m)	чөө	tʃøø
hiena (f)	гиена	giena

136. Los animales salvajes

animal (m)	жаныбар	dʒanıbar
bestia (f)	жапайы жаныбар	dʒapajı dʒanıbar
ardilla (f)	тыйын чычкан	tıjın tʃıtʃkan
erizo (m)	кирпичечен	kirpitʃetʃen
liebre (f)	коен	koen
conejo (m)	коен	koen
tejón (m)	кашкулак	kaʃkulak
mapache (m)	енот	enot
hámster (m)	хомяк	χomʲak
marmota (f)	суур	suur
topo (m)	момолой	momoloj
ratón (m)	чычкан	tʃıtʃkan
rata (f)	келемиш	kelemiʃ
murciélago (m)	жарганат	dʒarganat
armiño (m)	арс чычкан	ars tʃıtʃkan
cebellina (f)	киш	kiʃ
marta (f)	суусар	suusar
comadreja (f)	ласка	laska
visón (m)	норка	norka

castor (m)	кемчет	kemtʃet
nutria (f)	кундуз	kunduz
caballo (m)	жылкы	dʒılkı
alce (m)	багыш	bagıʃ
ciervo (m)	бугу	bugu
camello (m)	төө	tøø
bisonte (m)	бизон	bizon
uro (m)	зубр	zubr
búfalo (m)	буйвол	bujvol
cebra (f)	зебра	zebra
antílope (m)	антилопа	antilopa
corzo (m)	элик	elik
gamo (m)	лань	lanʲ
gamuza (f)	жейрен	dʒejren
jabalí (m)	каман	kaman
ballena (f)	кит	kit
foca (f)	тюлень	tʉlenʲ
morsa (f)	морж	mordʒ
oso (m) marino	дениз мышыгы	deŋiz mıʃıgı
delfín (m)	дельфин	delʲfin
oso (m)	аюу	ajʉu
oso (m) blanco	ак аюу	ak ajʉu
panda (f)	панда	panda
mono (m)	маймыл	majmıl
chimpancé (m)	шимпанзе	ʃimpanze
orangután (m)	орангутанг	orangutang
gorila (f)	горилла	gorilla
macaco (m)	макака	makaka
gibón (m)	гиббон	gibbon
elefante (m)	пил	pil
rinoceronte (m)	керик	kerik
jirafa (f)	жираф	dʒiraf
hipopótamo (m)	бегемот	begemot
canguro (m)	кенгуру	kenguru
koala (f)	коала	koala
mangosta (f)	мангуст	mangust
chinchilla (f)	шиншилла	ʃinʃilla
mofeta (f)	скунс	skuns
espín (m)	чүткөр	tʃytkør

137. Los animales domésticos

gata (f)	ургаачы мышык	urgaatʃı mıʃık
gato (m)	эркек мышык	erkek mıʃık
perro (m)	ит	it

caballo (m)	жылкы	dʒɪlkɪ
garañón (m)	айгыр	ajgɪr
yegua (f)	бээ	bee
vaca (f)	уй	uj
toro (m)	бука	buka
buey (m)	өгүз	øgyz
oveja (f)	кой	koj
carnero (m)	кочкор	kotʃkor
cabra (f)	эчки	etʃki
cabrón (m)	теке	teke
asno (m)	эшек	eʃek
mulo (m)	качыр	katʃɪr
cerdo (m)	чочко	tʃotʃko
cerdito (m)	торопой	toropoj
conejo (m)	коен	koen
gallina (f)	тоок	took
gallo (m)	короз	koroz
pato (m)	өрдөк	ørdøk
ánade (m)	эркек өрдөк	erkek ørdøk
ganso (m)	каз	kaz
pavo (m)	күрп	kyrp
pava (f)	ургаачы күрп	urgaatʃɪ kyrp
animales (m pl) domésticos	үй жаныбарлары	yj dʒanɪbarlarɪ
domesticado (adj)	колго үйрөтүлгөн	kolgo yjrøtylgøn
domesticar (vt)	колго үйрөтүү	kolgo yjrøtyy
criar (vt)	өстүрүү	østyryy
granja (f)	ферма	ferma
aves (f pl) de corral	үй канаттулары	yj kanattularɪ
ganado (m)	мал	mal
rebaño (m)	бада	bada
caballeriza (f)	аткана	atkana
porqueriza (f)	чочкокана	tʃotʃkokana
vaquería (f)	уйкана	ujkana
conejal (m)	коенкана	koenkana
gallinero (m)	тоокана	tookana

138. Los pájaros

pájaro (m)	куш	kuʃ
paloma (f)	көгүчкөн	køgytʃkøn
gorrión (m)	таранчы	karantʃɪ
paro (m)	синица	sinitsa
cotorra (f)	сагызган	sagɪzgan
cuervo (m)	кузгун	kuzgun

corneja (f)	карга	karga
chova (f)	таан	taan
grajo (m)	чаркарга	tʃarkarga
pato (m)	өрдөк	ørdøk
ganso (m)	каз	kaz
faisán (m)	кыргоол	kırgool
águila (f)	бүркүт	byrkyt
azor (m)	ителги	itelgi
halcón (m)	шумкар	ʃumkar
buitre (m)	жору	dʒoru
cóndor (m)	кондор	kondor
cisne (m)	аккуу	akkuu
grulla (f)	турна	turna
cigüeña (f)	илегилек	ilegilek
loro (m), papagayo (m)	тотукуш	totukuʃ
colibrí (m)	колибри	kolibri
pavo (m) real	тоос	toos
avestruz (m)	төө куш	tøø kuʃ
garza (f)	көк кытан	køk kıtan
flamenco (m)	фламинго	flamingo
pelícano (m)	биргазан	birgazan
ruiseñor (m)	булбул	bulbul
golondrina (f)	чабалекей	tʃabalekej
tordo (m)	таркылдак	tarkıldak
zorzal (m)	сайрагыч таркылдак	sajragıtʃ tarkıldak
mirlo (m)	кара таңдай таркылдак	kara taŋdaj tarkıldak
vencejo (m)	кардыгач	kardıgatʃ
alondra (f)	торгой	torgoj
codorniz (f)	бөдөнө	bødønø
pico (m)	тоңкулдак	toŋkuldak
cuco (m)	күкүк	kykyk
lechuza (f)	мыкый үкү	mıkıj yky
búho (m)	үкү	yky
urogallo (m)	керең кур	kereŋ kur
gallo lira (m)	кара кур	kara kur
perdiz (f)	кекилик	kekilik
estornino (m)	чыйырчык	tʃıjırtʃık
canario (m)	канарейка	kanarejka
ortega (f)	токой чили	tokoj tʃili
pinzón (m)	зяблик	zʲablik
camachuelo (m)	снегирь	snegirʲ
gaviota (f)	ак чардак	ak tʃardak
albatros (m)	альбатрос	alʲbatros
pingüino (m)	пингвин	pingvin

139. Los peces. Los animales marinos

brema (f)	лещ	leʃtʃ
carpa (f)	карп	karp
perca (f)	окунь	okunʲ
siluro (m)	жаян	dʒajan
lucio (m)	чортон	tʃorton

salmón (m)	лосось	lososʲ
esturión (m)	осётр	osʲotr

arenque (m)	сельдь	selʲdʲ
salmón (m) del Atlántico	сёмга	sʲomga
caballa (f)	скумбрия	skumbrija
lenguado (m)	камбала	kambala

lucioperca (m)	судак	sudak
bacalao (m)	треска	treska
atún (m)	тунец	tunets
trucha (f)	форель	forelʲ

anguila (f)	угорь	ugorʲ
tembladera (f)	скат	skat
morena (f)	мурена	murena
piraña (f)	пиранья	piranja

tiburón (m)	акула	akula
delfín (m)	дельфин	delʲfin
ballena (f)	кит	kit

centolla (f)	краб	krab
medusa (f)	медуза	meduza
pulpo (m)	сегиз бут	segiz but

estrella (f) de mar	деңиз жылдызы	deŋiz dʒıldızı
erizo (m) de mar	деңиз кирписи	deŋiz kirpisi
caballito (m) de mar	деңиз тайы	deŋiz tajı

ostra (f)	устрица	ustritsa
camarón (m)	креветка	krevetka
bogavante (m)	омар	omar
langosta (f)	лангуст	langust

140. Los anfibios. Los reptiles

serpiente (f)	жылан	dʒılan
venenoso (adj)	уулуу	uuluu

víbora (f)	кара чаар жылан	kara tʃaar dʒılan
cobra (f)	кобра	kobra
pitón (m)	питон	piton
boa (f)	удав	udav
culebra (f)	сары жылан	sarı dʒılan

| serpiente (m) de cascabel | шакылдак жылан | ʃakıldak dʒılan |
| anaconda (f) | анаконда | anakonda |

lagarto (f)	кескелдирик	keskeldirik
iguana (f)	игуана	iguana
varano (m)	эчкемер	etʃkemer
salamandra (f)	саламандра	salamandra
camaleón (m)	хамелеон	χameleon
escorpión (m)	чаян	tʃajan

tortuga (f)	ташбака	taʃbaka
rana (f)	бака	baka
sapo (m)	курбака	kurbaka
cocodrilo (m)	крокодил	krokodil

141. Los insectos

insecto (m)	курт-кумурска	kurt-kumurska
mariposa (f)	көпөлөк	køpøløk
hormiga (f)	кумурска	kumurska
mosca (f)	чымын	tʃımın
mosquito (m) (picadura de ~)	чиркей	tʃirkej
escarabajo (m)	коңуз	koŋuz

avispa (f)	аары	aarı
abeja (f)	бал аары	bal aarı
abejorro (m)	жапан аары	dʒapan aarı
moscardón (m)	көгөөн	køgøøn

| araña (f) | жөргөмүш | dʒørgømyʃ |
| telaraña (f) | желе | dʒele |

libélula (f)	ийнелик	ijnelik
saltamontes (m)	чегиртке	tʃegirtke
mariposa (f) nocturna	көпөлөк	køpøløk

cucaracha (f)	таракан	tarakan
garrapata (f)	кене	kene
pulga (f)	бүргө	byrgø
mosca (f) negra	майда чымын	majda tʃımın

langosta (f)	чегиртке	tʃegirtke
caracol (m)	үлүл	ylyl
grillo (m)	кара чегиртке	kara tʃegirtke
luciérnaga (f)	жалтырак коңуз	dʒaltırak koŋuz
mariquita (f)	айланкөчөк	ajlankøtʃøk
escarabajo (m) sanjuanero	саратан коңуз	saratan koŋuz

sanguijuela (f)	сүлүк	sylyk
oruga (f)	каз таман	kaz taman
gusano (m)	жер курту	dʒer kurtu
larva (f)	курт	kurt

La flora

142. Los árboles

árbol (m)	дарак	darak
foliáceo (adj)	жалбырактуу	dʒalbıraktuu
conífero (adj)	ийне жалбырактуулар	ijne dʒalbıraktuular
de hoja perenne	дайым жашыл	dajım dʒaʃıl
manzano (m)	алма бак	alma bak
peral (m)	алмурут бак	almurut bak
cerezo (m)	гилас	gilas
guindo (m)	алча	altʃa
ciruelo (m)	кара өрүк	kara øryk
abedul (m)	ак кайың	ak kajıŋ
roble (m)	эмен	emen
tilo (m)	жөкө дарак	dʒøkø darak
pobo (m)	бай терек	baj terek
arce (m)	клён	klʲon
picea (m)	кара карагай	kara karagaj
pino (m)	карагай	karagaj
alerce (m)	лиственница	listvennitsa
abeto (m)	пихта	piχta
cedro (m)	кедр	kedr
álamo (m)	терек	terek
serbal (m)	четин	tʃetin
sauce (m)	мажүрүм тал	madʒyrym tal
aliso (m)	ольха	olʲχa
haya (f)	бук	buk
olmo (m)	кара жыгач	kara dʒıgatʃ
fresno (m)	ясень	jasenʲ
castaño (m)	каштан	kaʃtan
magnolia (f)	магнолия	magnolija
palmera (f)	пальма	palʲma
ciprés (m)	кипарис	kiparis
mangle (m)	мангро дарагы	mangro daragı
baobab (m)	баобаб	baobab
eucalipto (m)	эвкалипт	evkalipt
secoya (f)	секвойя	sekvoja

143. Los arbustos

mata (f)	бадал	badal
arbusto (m)	бадал	badal

vid (f)	жүзүм	dʒyzym
viñedo (m)	жүзүмдүк	dʒyzymdyk
frambueso (m)	дан куурай	dan kuuraj
grosella (f) negra	кара карагат	kara karagat
grosellero (f) rojo	кызыл карагат	kızıl karagat
grosellero (m) espinoso	крыжовник	krıdʒovnik
acacia (f)	акация	akatsija
berberís (m)	бөрү карагат	børy karagat
jazmín (m)	жасмин	dʒasmin
enebro (m)	кара арча	kara artʃa
rosal (m)	роза бадалы	roza badalı
escaramujo (m)	ит мурун	it murun

144. Las frutas. Las bayas

fruto (m)	мөмө-жемиш	mømø-dʒemiʃ
frutos (m pl)	мөмө-жемиш	mømø-dʒemiʃ
manzana (f)	алма	alma
pera (f)	алмурут	almurut
ciruela (f)	кара өрүк	kara øryk
fresa (f)	кулпунай	kulpunaj
guinda (f)	алча	altʃa
cereza (f)	гилас	gilas
uva (f)	жүзүм	dʒyzym
frambuesa (f)	дан куурай	dan kuuraj
grosella (f) negra	кара карагат	kara karagat
grosella (f) roja	кызыл карагат	kızıl karagat
grosella (f) espinosa	крыжовник	krıdʒovnik
arándano (m) agrio	клюква	klʉkva
naranja (f)	апельсин	apelʲsin
mandarina (f)	мандарин	mandarin
ananás (m)	ананас	ananas
banana (f)	банан	banan
dátil (m)	курма	kurma
limón (m)	лимон	limon
albaricoque (m)	өрүк	øryk
melocotón (m)	шабдаалы	ʃabdaalı
kiwi (m)	киви	kivi
pomelo (m)	грейпфрут	grejpfrut
baya (f)	жер жемиш	dʒer dʒemiʃ
bayas (f pl)	жер жемиштер	dʒer dʒemiʃter
arándano (m) rojo	брусника	brusnika
fresa (f) silvestre	кызылгат	kızılgat
arándano (m)	кара моюл	kara mojʉl

145. Las flores. Las plantas

flor (f)	гүл	gyl
ramo (m) de flores	десте	deste
rosa (f)	роза	roza
tulipán (m)	жоогазын	dʒoogazın
clavel (m)	гвоздика	gvozdika
gladiolo (m)	гладиолус	gladiolus
aciano (m)	ботокөз	botokøz
campanilla (f)	коңгуроо гүл	konguroo gyl
diente (m) de león	каакым-кукум	kaakım-kukum
manzanilla (f)	ромашка	romaʃka
áloe (m)	алоэ	aloe
cacto (m)	кактус	kaktus
ficus (m)	фикус	fikus
azucena (f)	лилия	lilija
geranio (m)	герань	geranʲ
jacinto (m)	гиацинт	giatsint
mimosa (f)	мимоза	mimoza
narciso (m)	нарцисс	nartsiss
capuchina (f)	настурция	nasturtsija
orquídea (f)	орхидея	orχideja
peonía (f)	пион	pion
violeta (f)	бинапша	binapʃa
trinitaria (f)	алагүл	alagyl
nomeolvides (f)	незабудка	nezabudka
margarita (f)	маргаритка	margaritka
amapola (f)	кызгалдак	kızgaldak
cáñamo (m)	наша	naʃa
menta (f)	жалбыз	dʒalbız
muguete (m)	ландыш	landıʃ
campanilla (f) de las nieves	байчечекей	bajtʃetʃekej
ortiga (f)	чалкан	tʃalkan
acedera (f)	ат кулак	at kulak
nenúfar (m)	чөмүч баш	tʃømytʃ baʃ
helecho (m)	папоротник	paporotnik
liquen (m)	лишайник	liʃajnik
invernadero (m) tropical	күнөскана	kynøskana
césped (m)	газон	gazon
macizo (m) de flores	клумба	klumba
planta (f)	өсүмдүк	øsymdyk
hierba (f)	чөп	tʃøp
hoja (f) de hierba	бир тал чөп	bir tal tʃøp

hoja (f)	жалбырак	dʒalbırak
pétalo (m)	гүлдүн желекчеси	gyldyn dʒelektʃesi
tallo (m)	сабак	sabak
tubérculo (m)	жемиш тамыр	dʒemiʃ tamır
retoño (m)	өсмө	øsmø
espina (f)	тикен	tiken
florecer (vi)	гүлдөө	gyldøø
marchitarse (vr)	соолуу	sooluu
olor (m)	жыт	dʒıt
cortar (vt)	кесүү	kesyy
coger (una flor)	үзүү	yzyy

146. Los cereales, los granos

grano (m)	дан	dan
cereales (m pl) (plantas)	дан эгиндери	dan eginderi
espiga (f)	машак	maʃak
trigo (m)	буудай	buudaj
centeno (m)	кара буудай	kara buudaj
avena (f)	сулу	sulu
mijo (m)	таруу	taruu
cebada (f)	арпа	arpa
maíz (m)	жүгөрү	dʒygøry
arroz (m)	күрүч	kyrytʃ
alforfón (m)	гречиха	gretʃixa
guisante (m)	нокот	nokot
fréjol (m)	төө буурчак	tøø buurtʃak
soya (f)	соя	soja
lenteja (f)	жасмык	dʒasmık
habas (f pl)	буурчак	buurtʃak

LOS PAÍSES. LAS NACIONALIDADES

147. Europa occidental

| Europa (f) | Европа | evropa |
| Unión (f) Europea | Европа Биримдиги | evropa birimdigi |

Austria (f)	Австрия	avstrija
Gran Bretaña (f)	Улуу Британия	uluu britanija
Inglaterra (f)	Англия	anglija
Bélgica (f)	Бельгия	belʲgija
Alemania (f)	Германия	germanija

Países Bajos (m pl)	Нидерланддар	niderlanddar
Holanda (f)	Голландия	gollandija
Grecia (f)	Греция	gretsija
Dinamarca (f)	Дания	danija
Irlanda (f)	Ирландия	irlandija
Islandia (f)	Исландия	islandija

España (f)	Испания	ispanija
Italia (f)	Италия	italija
Chipre (m)	Кипр	kipr
Malta (f)	Мальта	malʲta

Noruega (f)	Норвегия	norvegija
Portugal (f)	Португалия	portugalija
Finlandia (f)	Финляндия	finlʲandija
Francia (f)	Франция	frantsija

Suecia (f)	Швеция	ʃvetsija
Suiza (f)	Швейцария	ʃvejtsarija
Escocia (f)	Шотландия	ʃotlandija

Vaticano (m)	Ватикан	vatikan
Liechtenstein (m)	Лихтенштейн	liχtenʃtejn
Luxemburgo (m)	Люксембург	lʉksemburg
Mónaco (m)	Монако	monako

148. Europa central y oriental

Albania (f)	Албания	albanija
Bulgaria (f)	Болгария	bolgarija
Hungría (f)	Венгрия	vengrija
Letonia (f)	Латвия	latvija

| Lituania (f) | Литва | litva |
| Polonia (f) | Польша | polʲʃa |

Rumania (f)	Румыния	rumınija
Serbia (f)	Сербия	serbija
Eslovaquia (f)	Словакия	slovakija

Croacia (f)	Хорватия	χorvatija
Chequia (f)	Чехия	ʧeχija
Estonia (f)	Эстония	estonija

Bosnia y Herzegovina	Босния жана	bosnija ʤana
Macedonia	Македония	makedonija
Eslovenia	Словения	slovenija
Montenegro (m)	Черногория	ʧernogorija

149. Los países de la antes Unión Soviética

| Azerbaidzhán (m) | Азербайжан | azerbajdʒan |
| Armenia (f) | Армения | armenija |

Bielorrusia (f)	Беларусь	belarusʲ
Georgia (f)	Грузия	gruzija
Kazajstán (m)	Казакстан	kazakstan
Kirguizistán (m)	Кыргызстан	kırgızstan
Moldavia (f)	Молдова	moldova

| Rusia (f) | Россия | rossija |
| Ucrania (f) | Украина | ukraina |

Tayikistán (m)	Тажикистан	tadʒikistan
Turkmenia (f)	Туркмения	turkmenija
Uzbekistán (m)	Өзбекистан	øzbekistan

150. Asia

Asia (f)	Азия	azija
Vietnam (m)	Вьетнам	vjetnam
India (f)	Индия	indija
Israel (m)	Израиль	izrailʲ

China (f)	Кытай	kıtaj
Líbano (m)	Ливан	livan
Mongolia (f)	Монголия	mongolija

| Malasia (f) | Малазия | malazija |
| Pakistán (m) | Пакистан | pakistan |

Arabia (f) Saudita	Сауд Аравиясы	saud aravijası
Tailandia (f)	Таиланд	tailand
Taiwán (m)	Тайвань	tajvanʲ
Turquía (f)	Түркия	tyrkija
Japón (m)	Япония	japonija
Afganistán (m)	Ооганстан	ooganstan
Bangladesh (m)	Бангладеш	bangladeʃ

Indonesia (f)	Индонезия	indonezija
Jordania (f)	Иордания	iordanija
Irak (m)	Ирак	irak
Irán (m)	Иран	iran
Camboya (f)	Камбожа	kambodʒa
Kuwait (m)	Кувейт	kuvejt
Laos (m)	Лаос	laos
Myanmar (m)	Мьянма	mjanma
Nepal (m)	Непал	nepal
Emiratos (m pl) Árabes Unidos	Бириккен Араб Эмираттары	birikken arab emirattarı
Siria (f)	Сирия	sirija
Palestina (f)	Палестина	palestina
Corea (f) del Sur	Түштүк Корея	tyʃtyk koreja
Corea (f) del Norte	Түндүк Корея	tundyk koreja

151. América del Norte

Estados Unidos de América (m pl)	Америка Кошмо Штаттары	amerika koʃmo ʃtattarı
Canadá (f)	Канада	kanada
Méjico (m)	Мексика	meksika

152. Centroamérica y Sudamérica

Argentina (f)	Аргентина	argentina
Brasil (f)	Бразилия	brazilija
Colombia (f)	Колумбия	kolumbija
Cuba (f)	Куба	kuba
Chile (m)	Чили	tʃili
Bolivia (f)	Боливия	bolivija
Venezuela (f)	Венесуэла	venesuela
Paraguay (m)	Парагвай	paragvaj
Perú (m)	Перу	peru
Surinam (m)	Суринам	surinam
Uruguay (m)	Уругвай	urugvaj
Ecuador (m)	Эквадор	ekvador
Islas (f pl) Bahamas	Багам аралдары	bagam araldarı
Haití (m)	Гаити	gaiti
República (f) Dominicana	Доминикан Республикасы	dominikan respublikası
Panamá (f)	Панама	panama
Jamaica (f)	Ямайка	jamajka

153. África

Egipto (m)	Египет	egipet
Marruecos (m)	Марокко	marokko
Túnez (m)	Тунис	tunis

Ghana (f)	Гана	gana
Zanzíbar (m)	Занзибар	zanzibar
Kenia (f)	Кения	kenija
Libia (f)	Ливия	livija
Madagascar (m)	Мадагаскар	madagaskar

Namibia (f)	Намибия	namibija
Senegal	Сенегал	senegal
Tanzania (f)	Танзания	tanzanija
República (f) Sudafricana	ТАР	tar

154. Australia. Oceanía

| Australia (f) | Австралия | avstralija |
| Nueva Zelanda (f) | Жаңы Зеландия | dʒaŋı zelandija |

| Tasmania (f) | Тасмания | tasmanija |
| Polinesia (f) Francesa | Француз Полинезиясы | frantsuz polinezijası |

155. Las ciudades

Ámsterdam	Амстердам	amsterdam
Ankara	Анкара	ankara
Atenas	Афина	afina

Bagdad	Багдад	bagdad
Bangkok	Бангкок	bangkok
Barcelona	Барселона	barselona
Beirut	Бейрут	bejrut
Berlín	Берлин	berlin

Bombay	Бомбей	bombej
Bonn	Бонн	bonn
Bratislava	Братислава	bratislava
Bruselas	Брюссель	brusselʲ
Bucarest	Бухарест	buχarest
Budapest	Будапешт	budapeʃt
Burdeos	Бордо	bordo

El Cairo	Каир	kair
Calcuta	Калькутта	kalʲkutta
Chicago	Чикаго	tʃikago
Copenhague	Копенгаген	kopengagen
Dar-es-Salam	Дар-эс-Салам	dar-es-salam
Delhi	Дели	deli

Dubai	Дубай	dubaj
Dublín	Дублин	dublin
Dusseldorf	Дюссельдорф	dʉsselʲdorf

Estambul	Стамбул	stambul
Estocolmo	Стокгольм	stokgolʲm
Florencia	Флоренция	florentsija
Fráncfort del Meno	Франкфурт	frankfurt
Ginebra	Женева	dʒeneva

La Habana	Гавана	gavana
Hamburgo	Гамбург	gamburg
Hanói	Ханой	χanoj
La Haya	Гаага	gaaga
Helsinki	Хельсинки	χelʲsinki
Hiroshima	Хиросима	χirosima
Hong Kong (m)	Гонконг	gonkong

Jerusalén	Иерусалим	ierusalim
Kiev	Киев	kiev
Kuala Lumpur	Куала-Лумпур	kuala-lumpur

Lisboa	Лиссабон	lissabon
Londres	Лондон	london
Los Ángeles	Лос-Анджелес	los-andʒeles
Lyon	Лион	lion

Madrid	Мадрид	madrid
Marsella	Марсель	marselʲ
Méjico	Мехико	meχiko
Miami	Майами	majami
Montreal	Монреаль	monrealʲ
Moscú	Москва	moskva
Munich	Мюнхен	mʉnχen

Nairobi	Найроби	najrobi
Nápoles	Неаполь	neapolʲ
Niza	Ницца	nitstsa
Nueva York	Нью-Йорк	njʉ-jork

Oslo	Осло	oslo
Ottawa	Оттава	ottava
París	Париж	paridʒ
Pekín	Пекин	pekin
Praga	Прага	praga

Río de Janeiro	Рио-де-Жанейро	rio-de-dʒanejro
Roma	Рим	rim
San Petersburgo	Санкт-Петербург	sankt-peterburg
Seúl	Сеул	seul
Shanghái	Шанхай	ʃanχaj
Singapur	Сингапур	singapur
Sydney	Сидней	sidnej

| Taipei | Тайпей | tajpej |
| Tokio | Токио | tokio |

Toronto	**Торонто**	toronto
Varsovia	**Варшава**	varʃava
Venecia	**Венеция**	venetsija
Viena	**Вена**	vena
Washington	**Вашингтон**	waʃington

www.ingramcontent.com/pod-product-compliance
Lightning Source LLC
Chambersburg PA
CBHW070602050426
42450CB00011B/2943